W0054647

Festmahl am Himmelstisch

Karl-Josef Kuschel

Festmahl am Himmelstisch

Wie Mahl feiern Juden, Christen und Muslime verbindet

Patmos Verlag

VERLAGSGRUPPE PATMOS

PATMOS
ESCHBACH
GRÜNEWALD
THORBECKE
SCHWABEN

Die Verlagsgruppe
mit Sinn für das Leben

Für die Schwabenverlag AG ist Nachhaltigkeit ein wichtiger Maßstab
ihres Handelns. Wir achten daher auf den Einsatz umweltschonender
Ressourcen und Materialien. Dieses Buch wurde auf FSC®-
zertifiziertem Papier gedruckt. FSC (Forest Stewardship Council®) ist
eine nicht staatliche, gemeinnützige Organisation, die sich für eine öko-
logische und sozial verantwortliche Nutzung der Wälder unserer Erde
einsetzt.

Bibliografische Information der Deutschen Nationalbibliothek
Die Deutsche Nationalbibliothek verzeichnet diese Publikation in der
Deutschen Nationalbibliografie; detaillierte bibliografische Daten sind
im Internet über http://dnb.d-nb.de abrufbar.

Alle Rechte vorbehalten
© 2013 Patmos Verlag der Schwabenverlag AG, Ostfildern

Umschlaggestaltung: Finken & Bumiller, Stuttgart
Druck: CPI – Ebner & Spiegel, Ulm
Hergestellt in Deutschland
ISBN 978–3-8436–0366–9 (Print)
ISBN 978–3-8436–0367–6 (eBook)

Inhalt

Geleitwort von Rabbiner Walter Homolka

Einer der großen Denker des deutschen Judentums im 19. Jahrhundert, Abraham Geiger, hat 1832 die Haltung eingenommen, die Beschäftigung mit dem Islam sei ihm liebevolle Neigung, die Auseinandersetzung mit der christlichen Theologie aber nur lästige und apologetische Pflicht. Abraham Geiger, der auch einer der Begründer der modernen Koranforschung gewesen ist, kam zu dieser Aussage, weil er damals mit einer protestantischen Vorstellung des »Christlichen Staates« konfrontiert war, die Juden die Teilhabe an der Gesamtgesellschaft vorenthalten wollte. Es hat mehr als hundert Jahre gedauert, bis Juden und Christen zu einem neuen Verhältnis gefunden haben: Zunächst musste sich die Verbindung von »Thron und Altar« lösen, darauf aufbauend konnte eine plurale Gleichstellung der Religionen in der Weimarer Reichsverfassung erreicht werden. Letztlich hat erst das Trauma des Holocaust den nötigen Bruch in den Kirchen herbeigeführt. Aus der Bankrotterklärung christlicher Ethik im »Dritten Reich« und aus dem Versagen der Kirchen vor der Aufgabe, die jüdischen Brüder und Schwestern wirksam vor der Ermordung zu schützen, ergab sich nach dem Zweiten Weltkrieg schrittweise ein Ansatz für ein neues Miteinander von Christen und Juden. In Abraham Geigers Nachfolge bedeutet das den Mut zu schonungsloser Analyse, die aber Mut zum Handeln gibt. Und in der Tat: Die Alternativen zum Dialog sind wenig verlockend. Die drängende Frage aber ist: Was müssen wir tun?

Der Hinweis auf den Holocaust macht eine Einsicht besonders eindringlich: Die Wahrnehmung des Anderen im Judentum basiert nicht auf der Frage nach dem rechten Glauben, sondern einzig auf der Frage nach dem richtigen ethischen Verhalten. Die Grundlage davon ist die Vorstellung von der Gottesebenbildlichkeit des Menschen. Weil der Mensch im Angesicht Gottes geschaffen ist, hat er die Verantwortung und auch die Möglichkeit, die Vernunft als Mittel zur ethischen Vollendung zu verwenden. Dabei verweisen Juden auf Noah und seine sieben Gebote an die Menschheit: Die sechs Verbote des Götzendienstes, des Mordes, des Diebstahls, der sexuellen Promiskuität, der Gotteslästerung, der Tierquälerei und das Gebot einer gerechten Gesellschaft mit gerechten Gesetzen. Jeder Nichtjude, der diese Ge- und Verbote einhält, ist ein Gerechter unter den Völkern und von dem wird gesagt, er habe die gleiche geistige und moralische Stufe erreicht wie selbst der Hohepriester im Tempel (Talmud, Bava Kamma 38a).

Für mich ist dieses gegenseitige Eintreten gar nicht neu. Seit 1972 fand jedes Jahr in Bendorf am Rhein eine Begegnungswoche von Juden, Christen und Muslimen statt. Das Londoner Rabbinerseminar, das Leo Baeck College, war Mitorganisator und wir Studenten nahmen daran regelmäßig teil. Es gehörte sozusagen zu unserer Ausbildung, sich diesem Erlebnis des gemeinsamen Studierens, Essens und Betens auszusetzen – und ich bin froh um diese Erfahrung, mit dem anderen zu leben und mich auch in seinen religiösen Alltag hinein zu fühlen. Warum aber ist ein solches Zusammenleben für Juden und Muslime so bedeutsam? Ich möchte einen Blick in die Hebräische Bibel werfen. Dort finden wir den Grund, warum Juden und Muslime eben viel gemeinsam haben, so sehr sie auch manches unterscheidet. Alles begann mit der Geschichte von Isaak und Ismael im 1. Buch Mose Kap. 21. Ismael war Abrahams Sohn von

Hagar, einer Sklavin der Sara. Da das Paar Abraham und Sara kinderlos zu bleiben scheint, schläft Abraham auf Bitten seiner Frau mit der ägyptischen Sklavin Hagar. Ein von Hagar geborenes Kind gilt nach damaliger Sitte als Sprössling der unfruchtbaren Herrin. Und Hagar wird schwanger und Ismael wird geboren. Dann aber geschieht das Wunder: Abrahams Frau Sara bekommt selbst noch einen Sohn: Isaak. Da wird Hagar von ihr buchstäblich in die Wüste geschickt und es erscheint ein Engel. Er zeigt Hagar und Ismael den rettenden Brunnen.

Die Rettung der beiden ist tröstlich, aber diese Geschichte ist auch voller Neid, Eifersucht und Furcht. Das Verhältnis von Sara und Hagar ist davon ebenso geprägt wie die Beziehung zwischen dem Erstgeborenen Ismael, der scheinbar durch Isaak um sein Recht gebracht wird, der Erste zu sein. So war es vorher schon Kain und Abel gegangen, so wird es wenig später in der Geschichte auch Esau und Jakob gehen. Am Ende unserer biblischen Geschichte gehen Ismael und Isaak getrennte Wege. Als aber Abraham stirbt, im 25. Kapitel, da begegnen sie einander, um ihn gemeinsam zu begraben, vielleicht auch ihre Eifersucht vor dem Herrn. »Und Ismael lebte im Angesicht all seiner Brüder«, sagt Vers 18 schließlich. Das Ende ist versöhnlich, man arrangiert sich, ein Nebeneinanderleben scheint möglich. Denn beide haben doch den gleichen Vater. Die Geschichte von Ismael und Isaak mahnt uns: als Brüder sollen wir uns erkennen. Vielleicht, um auch einmal im Angesicht des Bruders nebeneinander zu wohnen.

Im Islam wie im Judentum offenbart Gott seinen Willen in seinem Wort an die Menschen. »Wir haben die Tora hinabgesandt, in der Rechtleitung und Licht enthalten sind, damit die Propheten, die gottergeben waren, für die, die Juden sind, danach urteilen, und so auch die Rabbinen und Gelehrten, aufgrund dessen, was ihnen vom Buche Gottes anvertraut wurde und worüber sie Zeugen waren. ... Und wir ließen nach ihnen Jesus, den Sohn Marias, folgen, damit er bestätige, was von der Tora vor ihm vorhanden war. Und wir ließen ihm das Evangelium zukommen, das Rechtleitung und Licht enthält und das bestätigt, was von der Tora vor ihm vorhanden war, und als Rechtleitung und Ermahnung für die Gottesfürchtigen. ... Und wir haben zu dir [Muhammad] das Buch mit der Wahrheit hinabgesandt, damit es bestätige, was vom Buch vor ihm vorhanden war, und alles, was darin steht, fest in der Hand habe« (Sure 5 – Al-Maida, 44–48).

Nach Vorstellung des rabbinischen Judentums führt der Weg zu Gott nur über seine Offenbarung. Sie befindet sich aber »nicht im Himmel«, sondern wurde den Menschen als einzige Quelle ihrer Auslegung und ihres Weltverstehens gegeben. Diese Offenbarung schreitet voran durch die menschliche Auslegung, für Juden in der »mündlichen Thora«, für Christen und Muslime in Neuem Testament und Koran.

Judentum wie Islam suchen die Wege von Gottes Gerechtigkeit im religiösen Recht, (jüdisch die Halacha, wörtlich »die zu gehende Wegrichtung«). Die Halacha markiert hierbei nicht das Ziel, sondern einen Weg. Sie verlangt Handeln, die »Selbstheiligung« durch Gebotserfüllung, und nicht Glauben. Im Judentum wie im Islam ist der Mensch vor Gott für sein Tun verantwortlich, er hat den freien Willen, sich für das Gute zu entscheiden. »Wer der Rechtleitung folgt, folgt ihr zu seinem eigenen Vorteil. Und wer irregeht, der geht irre zu seinem eigenen Schaden. Und keine lasttragende Seele trägt die Last einer anderen« (Sure 17 – Al-Isra, 13ff).

Im Vordergrund stehen bei Judentum wie Islam das Leben mit Gott, das Studium seiner Schrift und die Einhaltung der Gebote Gottes. Gott ist für Juden wie Muslime ein rettender, beschützender, ein barmherziger Gott, der den Menschen ewige

Treue und Liebe entgegenbringt. Muslime haben immer schon gewusst, dass hier derselbe Gott angesprochen wurde und wird. »Wir glauben an das, was zu uns herabgesandt und zu euch herabgesandt wurde. Unser Gott und euer Gott ist einer. Und wir sind ihm ergeben« (Sure 29 Al-Ankabut, 47).

Auch heute noch hören wir immer wieder unbestimmte Hinweise auf Kulturen im Kontext von Religion – auf eine jüdische, christliche oder islamische Kultur, wobei unterstellt wird, dass zwischen ihnen irgendeine Art von Widerspruch besteht –, dass diese sich gegenseitig ausschließen und notwendigerweise unvereinbar miteinander sind oder einander sogar feindlich gegenüberstehen. Der Historiker William Dalrymple macht uns darauf aufmerksam, »... das geistige Erwachen, das die Renaissance verkörperte, fast ebenso sehr dem Zusammenspiel von Orient und Okzident wie einem auf griechischen und römischen Wurzeln aufbauenden Prozess der Selbstfindung geschuldet war.«[*] Demnach verkörpert jeder der drei Glaubensweisen in ihrer ureigenen Form die potenziell zivilisatorische Kraft des Glaubens. Als jeweils universelle Religion lässt sich keine von ihnen zeitlich oder räumlich abgrenzen. Sie verkörpern unterschiedliche Ausdrucksformen der gleichen »zivilisatorischen« Werte; verschiedene Interpretationen des ewigen Bundes. Somit können sie ohne ein Risiko von Gegensätzen in ein und derselben Gesellschaft präsent sein – und in ein und derselben Welt, ohne dass dadurch zwangsläufig Konfrontationen ausgelöst werden. Im Kern geht es hier um eine Frage der Identität, und in diesem Bereich können Menschen mit gemeinsamer Erfahrung als religiöse Gemeinschaften einander behilflich sein, sich ohne Assimilation auf metaphysischer Ebene (bzw. ohne jede Aufgabe ihrer Loyalität gegenüber Gott) in vollem Umfang als loyale Mitglieder der Zivilgesellschaft einzubringen. Der Koran gemahnt uns, dass Verschiedenheit und

Vielfalt als Bereicherung begrüßt werden sollten und voll und ganz unter die göttliche Vorsehung fallen.

Wir sollen uns nicht einbilden, wir seien Gott und könnten in einer Wahnvorstellung der eigenen Allmacht unseren Willen zum Gesetz erheben, obwohl wir das oft genug tun. Aber wir haben den Auftrag, Gottes Wahrheit durch unser Handeln in die Welt zu bringen, also in der Wahrheit zu leben. Das bedeutet auch: sich unangenehme Wahrheiten sagen zu können. Was aber bedeutet vor dem Hintergrund der Aufklärung: »in der Wahrheit leben«?

Juden und Christen sind heute einander so nahe, weil beiden die Erfahrung der Aufklärung gemeinsam ist – mit ihrem Primat von Rationalismus und Vernunft. Alle Religionen, auch das Christentum, hatte an den Herausforderungen der Moderne zu kauen, und manches ist bis heute unverdaut. Die Vereinbarkeit von Religion und Moderne entscheidet sich besonders an hermeneutischen Grundfragen: Im Schrift- und Traditionsverständnis werden die Weichen gestellt für die Dialog- und Reformfähigkeit von Religion. So mussten sich Judentum wie Christentum fragen, ob sie eine historisch-kritische Betrachtung von Heiligen Schriften und Tradition zulassen. Das europäische Judentum hat durch die Aufklärung eine Chance erhalten: die Beteiligung am gesellschaftlichen Diskurs, die kulturelle wie rechtliche Emanzipation und die Ausformung einer widerstandsfähigen Identität. Dies bedingte die Neubewertung unserer jüdischen Traditionen und Lehren. Die Teilhabe an einer sich pluralisierenden Gesellschaft lässt eben keinen unverändert. Und hier setzt meine Hoffnung an, dass auf der Basis gegenseitiger Anerkenntnis die muslimische Seite auch einen brüderlichen Rat entgegenzunehmen bereit ist. Vielleicht können wir Juden dem Islam mit unseren Erfahrungen auf brüderliche Weise Wege aufzeigen, wie man der Tradition gerecht wird und dennoch mit den Erträgen der Aufklärung zurechtkommt. Denn ein historisch-kritisches Hinterfragen der eigenen Tradition ist ein wichtiger Schritt hin zur Integration von Muslimen in die westliche Gesellschaft. Diese Wahrheit müssen wir – jeder für sich – in der Auseinandersetzung von Tradition und Moderne immer wieder finden. Das erfordert Disziplin. Und: wir müssen uns um diese Wahrheit mit unserem freien Willen und unserer Einsichtsfähigkeit bemühen und wir müssen damit fertig werden, dass es die eine Wahrheit nicht geben kann. In der Demut, die dieser Einsicht folgt, können Juden, Christen und Muslime zu einem gleichberechtigten Verhältnis finden. Ein solches Nebeneinander unter Brüdern setzt die Bereitschaft voraus, den anderen – wenn nötig zu verteidigen –, auf der Basis solcher Anerkennung als Bruder aber auch kritisieren zu dürfen. Um es mit den Worten von Imam Abu Ishaq al-Shatibi (gest. 1388) zu sagen: »Nu'adhem al-juwaame' wa nahtarem al-furooq« – wir betonen die Gemeinsamkeiten und respektieren gleichzeitig die Unterschiede.

Nun hören wir Juden von christlicher Seite immer wieder, der jüdisch-christliche Dialog sei mit der Beziehung zu den Muslimen gar nicht zu vergleichen. Juden und Christen teilten sich die gleiche Heilige Schrift und hätten das gleiche Gottesbild. Als Jude macht mich das stutzig. Denn über viele Jahrhunderte hinweg wurden Juden von Christen auf das Grausamste verfolgt, ausgegrenzt, verhöhnt und ermordet. Die Scham über das große Versagen beider Kirchen während des »Dritten Reichs« war die Grundlage von sechzig Jahren intensiver Annäherung des Christentums an das Judentum, mit teilweise grotesken Phasen des Philosemitismus. Kann das aber Jahrhunderte der guten Nachbarschaft zwischen Juden und Muslimen aufwiegen? Nein. Denn beide wissen sich einig in einem gemeinsamen Gottesbild und einig in ihrer Kritik an der Trinitätslehre als Abschwächung des Monotheismus. Christen müssen sich vergegenwärtigen, dass ihre Trinitätslehre dem Judentum ferner liegt als die Lehre des Islam und dass Juden und Muslime lange Phasen gemeinsamer Erfahrungen verbinden, etwa die der Kreuzzüge oder der Reconquista; Juden müssen sich daran erinnern, dass die vorherrschende jüdische Philosophie im Mittelalter im islamischen Raum und in arabischer Sprache entstanden ist und dass die Festschreibung unserer Glaubensgrundsätze durch den mittelalterlichen Rechtsgelehrten und Religionsphilosophen Maimonides im 12. Jahrhundert dem Beispiel Mohammeds folgt. »Gott ist einer und einzig, und Moses ist sein Prophet« entspricht der Formel, die jeder Muslim als Glaubensbekenntnis kennt: »Es gibt keinen Gott außer Gott, und Mohammed ist sein Gesandter.« Gott, unverfügbar, Schöpfer, Richter, Offenbarer.

Und wie steht es um das muslimisch-christliche Verhältnis? Besonders die kirchlichen Akademien haben sich seit den späten neunziger Jahren als Orte der Begegnung Christen, Muslimen und Juden verdient gemacht. Was damals Normalität war, steht heute jedoch unter christlich-lehramtlicher Kritik. Mit Vehemenz treten die Kirchen von Aussagen zurück, die für Christen und Juden eine gemeinsame Gottesvorstellung festgestellt hatten. So formulierte die katholische Seite im Zweiten Vatikanischen Konzil 1964 in »Lumen gentium 16«: »Die Heilsabsicht (Gottes) umfasst aber auch die, welche den Schöpfer anerkennen, unter ihnen besonders die Muslime, die sich zum Festhalten am Glauben Abrahams bekennen und mit uns den einzigen Gott anbeten, den barmherzigen, der die Menschen am Jüngsten Tag richten wird.« Im Schlussdokument von Cartigny zog 1969 der Weltrat der Kirchen nach: »Judentum, Christentum und Islam gehören nicht nur historisch zusammen, sie sprechen von demselben Gott, Schöpfer, Offenbarer und Richter.«

Ich als Jude, der sich im Dialog mit dem Christentum engagiert, habe mich deshalb entschlossen, auf die Spurensuche nach den Gemeinsamkeiten meiner Religion mit denen des Islam zu gehen. Das heißt, ich sehe die Herausforderung, mich mit dem Islam so auseinanderzusetzen, dass ich ihn ebenso gut verteidigen könnte. Das heute in Deutschland zu tun, setzt – wie meine Erfahrungen zeigen – einen enormen Konfliktwillen voraus.

Als Muslime, Juden und Christen unterliegen wir alle dem gemeinsamen Erbe des spirituellen Dienstes unter ein und demselben Gott. Leider teilen wir auch die Sünde der Abweichung. Ironischerweise untergraben viele Personen in dem Bemühen, die Traditionen und Sitten unserer gemeinsamen Zivilisation zu bewahren, die Grundfesten, auf denen sie aufgebaut wurde. Seit den tragischen Ereignissen vom 11. September 2001 und den nachfolgenden Schrecken ist die Welt für Muslime ein sehr viel weniger einladender Platz geworden. Die bloße Verurteilung eines solchen verabscheuungswürdigen und unislamischen Verhaltens reicht nicht aus. Vielmehr liegt es an den Muslimen, wie Großmufti Mustafa Ceric 2006 in seiner bemerkenswert weitsichtigen und sachbezogenen Erklärung der europäischen Muslime deutlich gemacht hat, und ich zitiere: »... der ganzen Welt den nicht gewalttätigen Charakter ihres Glaubens vor Augen zu führen und ihre Kinder zu lehren, dass der richtige Weg zum Erfolg in dieser Welt und zur Errettung im Jenseits nicht das Argument der Gewalt, sondern die Gewalt der friedlichen Argumentation ist«.

Spätestens seit diesem 11. September 2001 ist die christliche Seite wieder von Furcht geplagt. Groß ist ihre Furcht, das »Christliche Abendland« sei in Gefahr. Einst die Türken vor Wien, heute der Islamismus, und mit der Türkei klopfe er direkt an unsere Haustüre.

Ich möchte dazu sagen: der Traum vom »Christlichen Abendland« war für Juden meist gefährlich. Deshalb lohnt sich ein zweiter Blick aus jüdischer Sicht: und da sehen wir: die »Hohe Pforte« gewährte Freiheiten und Rechte, die im christlichen Abendland für Juden keineswegs selbstverständlich gewesen sind. Rabbiner Isaak Zarfati lud 1470 alle deutschsprachigen jüdischen Gemeinden ein, sich im Osmanischen Reich anzusiedeln. 1492 schickte Sultan Bayezid II. sogar Schiffe und nahm viele Juden aus Spanien auf, die vor der Kirche fliehen mussten. Und in jüngerer Zeit? Yad Vashem in Israel ehrte Botschafter Selahattin Ülkümen als »Gerechten unter den Völkern«, weil er Juden auf Rhodos unter Lebensgefahr zur Flucht verholfen hatte. Atatürk ermöglichte vielen jüdischen Professoren aus Nazideutschland, in der Türkei weiterzuarbeiten. Mehr als siebzehn »Raoul Wallenbergs« gab es unter den Diplomaten der Türkei, die in Europas dunkelster Zeit Mut zur Menschlichkeit bewiesen. So den Botschafter in Marseille, Behiç Erkin. Er verlieh 18000 Juden die türkische Staatsbürgerschaft und rettete sie so vor der Vernichtung.

Man kann also sagen: in Schlüsselsituationen der europäischen Geschichte wusste die Türkei als islamisches Land – regiert vom Kalifen – moralische Werte zu verteidigen, von denen Europa heute träumt. Ein Europa, in dem das Osmanische Reich über Jahrhunderte eine bedeutende Rolle gespielt hat: als Handelspartner, geistiges Zentrum und islamische Großmacht. Diese Wahrheit haben Christen lange nicht sehen wollen. Aber für uns Juden blieb diese Verbundenheit unvergesslich.

Wollen Juden, Christen und Muslime gemeinsam zum Festmahl am Himmelstisch sitzen, sind Einfühlungsvermögen von uns gefordert und die Fähigkeit, nicht nur hin-, sondern auch zuzuhören. Wir alle haben – weiß Gott – genug Monologe über den Dialog ertragen.

Um es mit den Worten des früheren Erzbischofs von Canterbury, Dr. Rowan Williams, zu sagen: »Wir alle wachsen durch unsere Begegnung mit dem Gegenüber. Ganz besonders wachsen wir durch die Begegnung mit jenem göttlichen Gegenüber, das uns anspricht, bewegt, beurteilt, herausfordert und heilt. Doch wir wachsen auch in der Begegnung mit jenen menschlichen Gegenübern, die uns auf verschiedene Weise etwas von Gott nahe bringen, das Türen in unserem innersten Selbst öffnet, deren wir uns anders nicht bewusst geworden wären.«[**]

Zu diesen Gegenübern zähle ich auch Karl-Josef Kuschel. Er hat für mein Denken stets Türen zu öffnen vermocht. Dafür meinen herzlichen Dank.

Rabbiner Prof. Dr. Walter Homolka

---

[*]   Re-orienting the Renaissance: Cultural Exchanges with the East; herausgegeben von Gerald MacLean; Palgrave Macmillan, 2005. Vorwort von William Dalrymple.
[**] Islam, Christentum und Pluralismus, Rowan Williams, Erzbischof von Canterbury, Erste Zaki-Badawi-Gedächtnisvorlesung, 2007.

I. DIE GEGENWART DES JE ANDEREN MITDENKEN

Acht Tage feiern Juden in aller Welt Pessach, eines ihrer großen Feste und zwar im Monat Nisan, dem ersten ihres religiösen Kalenders. Pessach wird vom 15. bis 22. Nisan begangen. Dazu gehört, dass am Vorabend des Festes (hebräisch: *Erew Pessach*), am 14. Nisan, eine häusliche Feier im Kreise der Familie statt-findet, der sogenannte »Seder« und die ganze Woche über nur ungesäuertes Brot, sogenannte »Mazzen«, verzehrt werden darf. Pessach wird deshalb auch entsprechend den Anweisungen der Tora das »Fest der ungesäuerten Brote« genannt: »Im ersten Monat, am 14. Tag des Monats, zur Abenddämmerung, ist Pa-scha zur Ehre des Herrn. Am 15. Tag dieses Monats ist das Fest der Ungesäuerten Brote zur Ehre des Herrn. Sieben Tage sollt ihr Ungesäuertes Brot essen. Am ersten Tag habt ihr heilige Versammlung; ihr dürft keine schwere Arbeit verrichten. Sie-ben Tage hindurch sollt ihr ein Feueropfer für den Herrn dar-bringen. Am siebten Tag ist heilige Versammlung; da dürft ihr keine schwere Arbeit verrichten« (Lev 23,5f.; vgl. Num 28,16–25).

Das uns vertraute Kalendarium fügte es, dass sich im Jahr 2012 Pessach mit der christlichen Karwoche und dem Osterfest überschnitt. Der 14. Nisan fiel auf den 7. April, auf den Tag, an dem Christen den »Karsamstag« begingen, den Tag also, der zwischen dem Sterben Jesu (»Karfreitag«) und dem Ostersonn-tag liegt, dem Tag der Auferweckung Jesu aus dem Tod. Im Jahr 2013 überschneidet sich der 14. Nisan mit dem Montag der Karwoche, dem 25. März. Somit läuft die gesamte Karwoche einschließlich Ostersonntag und Ostermontag parallel zum Pessachfest, das mit dem 22. Nisan, dem christlichen Osterdienstag, am 2. April endet. Es ist fast so wie zu Jesu Zeiten. Denn was immer an Datierungen und Deutungen im Einzelnen umstritten ist (wir werden davon Genaueres hören), eines ist klar: Nach maßgebenden Quellen, die wir haben, vollzog sich Jesu Leiden, Sterben und Auferstehen im Zeichen des jüdischen Pessachfestes!

1. Ostern, Pessach feiern mit dem Rücken zum je Anderen?

Wird an diese in den neutestamentlichen Urkunden verbürgte Verbindung von Pessach (im Deutschen auch »Pascha«, »Passah« oder »Passa« geschrieben) als großem Fest des Judentums und Passion/Ostern als zentralem Fest der Christenheit in den jeweiligen Gottesdiensten erinnert? Ist insbesondere in einem Jahr wie 2012, in dem der Bezug schon kalendarisch gegeben war, in Gründonnerstags-, Karfreitags- und Osterliturgien christlicher Kirchen oder in Pessachgottesdiensten jüdischer Synagogen darauf hingewiesen worden? Wird es 2013 der Fall sein?

Wer als Christ der Passion Jesu gedenkt, wer Ostern feiert, sollte der oder die nicht zugleich um Pessach wissen: um das, was Juden seit Jahrhunderten mit diesem Fest verbinden? Wenn man als Christ der Passion und der Auferweckung Jesu Christi gedenkt, sollte man dann nicht zugleich auch der Verbindung gedenken, welche diese Ereignisse von Anfang an mit dem Judentum herstellen? Ostern feiern – mit dem Rücken zum Judentum? Das jüdische Fest ignorieren, als hätte es mit Jesus Christus nichts zu tun? Und umgekehrt: Wenn man als Jude Pessach feiert, sollte man dann völlig ignorieren, dass es einen Juden gegeben hat, dessen Tod in Jerusalem im Zeichen von Pessach Wirkungen auslöste, die das Antlitz dieser Erde veränderte? Ignorieren, dass – bei aller tiefen Ambivalenz der Geschichte – das Judentum bei aller Eigenständigkeit geschichtlich immer auch auf das Christentum bezogen bleibt?

Aber ist es 2012 in Kirchen und Synagogen anders gewesen? Wird es 2013 anders sein? Ist es zu solchen Verweisen, Bezügen, Erinnerungen gekommen? Wird das der Fall sein? Ausnahmen bestätigen die Regel. So veröffentlichte der damalige Erzbischof von Toronto (Kanada) und spätere Kardinal, GERALD EMMET CARTER, 1979 einen »Fastenhirtenbrief«. Er nutzte den zeitlichen Zusammenfall des Gründonnerstag mit dem Beginn des jüdischen Pessachfestes, um auf die jüdischen Wurzeln des Christentums und auf die bleibende Verbindung zwischen Israel und der Kirche hinzuweisen: »Der Gründonnerstag fällt in diesem Jahr auf den ersten Tag des jüdischen Pessachfestes. Wenn wir das Grundgeheimnis unseres Glaubens, den Tod und die Auferstehung Jesu, begehen, gedenken unsere jüdischen Nachbarn des Auszugs aus Ägypten, des zentralen Ereignisses, das sie erst zu einem Volk machte. Es ist kein Zufall, dass das jüdische Pessachfest und das christliche Osterfest fast immer in den gleichen Zeitraum fallen; fand doch das Leben Jesu im Zusammenhang des großen jüdischen Festes sein Ende. Die Übereinstimmung der beiden Feste lädt uns in diesem Jahr dazu ein, ganz besonders über die jüdischen Wurzeln des Christentums und über die bleibende Verbindung zwischen beiden Religionen nachzudenken.«[1]

Ein Jahr später, 1980, veröffentlicht die *Deutsche Katholische Bischofskonferenz* erstmals seit der Shoa eine »Erklärung über das Verhältnis der Kirche zum Judentum«. Sie beginnt programmatisch mit dem Satz »Wer Jesus Christus begegnet, begegnet dem Judentum« und kommt in den folgenden Kapiteln auch auf die jüdischen Feste, insbesondere das Pessachfest, zu sprechen: »Die jüdischen Feste sind Gedächtnisfeste: Israel gedenkt bei seinen Festen der Heilstaten Gottes an seinem Volk und vergegenwärtigt in seinen Festen diese Heilstaten für jede Generation. In keinem Fest wird das deutlicher als am Paschafest, das die Juden an die Nacht erinnert, in der sie befreit wurden, und das in ihnen zugleich die Hoffnung weckt auf die Nacht, in der sie endgültig befreit werden. In den jüdischen Festen herrscht so die Dreidimensionalität von Heilsvergangenheit, Heilsgegenwart und Heilszukunft. Ohne die Beachtung dieser Zusammenhänge versteht man auch die großen Feste des christlichen Kirchenjahres und speziell die Eucharistiefeier nicht. Auch in ihnen gehören Heilsvergangenheit, Heilsgegenwart und Heilszukunft wesenhaft zusammen; auch sie sind Gedächtnis seiner Wundertaten. Sie treten dabei nicht neben die Feste Israels, sie stehen in einem beziehungsreichen Zusammenhang mit ihnen.«[2]

Einzelstimmen, Einzeltexte, die ermutigend sind und nach vorne weisen. Die Rede von »unseren jüdischen Nachbarn« zum Beispiel. Sie lässt ohne falsche Harmonisierung erkennen, dass man ein dualistisches Konfrontations- und gleichgültiges Ignorierungsdenken zugunsten eines religionsverbindenden Beziehungsdenkens überwunden hat. Dasselbe gilt von Formulierungen wie »bleibende Verbindung« zwischen Israel und Kirche, von einem »beziehungsreichen Zusammenhang« zwischen jüdischen und christlichen Festen.

Noch ist das alles »gut gemeint«. Praktische Konsequenzen wären zu ziehen. Denn von einer umfassenden, wechselseitigen Erinnerungskultur, welche auch die Gemeinden einschlöße, sind wir noch weit entfernt: sowohl von einem wechselseitigen Eingedenken der inneren Verbindungen von Christentum und Judentum als auch von einem Eingedenken der inneren Verbindungen von Judentum, Christentum und Islam. Juden, Christen und Muslime leben auch in unserem Land vielfach noch nebeneinander her, als ob es solche inneren Verbindungen nicht gäbe.

2. Toleranz ist zu wenig: Goethes Mahnung

Religionspolitisch könnte man sich mit einem solch schiedlich-friedlichen Nebeneinander der Religionen schon zufrieden geben und dabei auf die Tatsache verweisen, dass Christen über viele Jahrhunderte noch nicht einmal imstande oder willens waren, beispielsweise mit Juden schlicht zu koexistieren, ihre Anwesenheit zu tolerieren, ihre Religionspraxis als Menschen- und Freiheitsrecht zu respektieren. Kurz: Juden in Ruhe und Frieden *Juden* sein zu lassen und ihnen nichts aufzudrängen: keine Missionierung, keine Taufe und keine bürgerlich-säkulare Assimilation. Aber eine Zeit wie die unsrige, eine Zeit globaler Ökonomie und Ökologie, eine Zeit weltweiter Verflochtenheit von Völkern und Nationen, eine Zeit des Internets mit all den kommunikativen Möglichkeiten des Austausches und der Durchdringung von Kulturen? Da ist Toleranz zu wenig, bestenfalls die Minimalvoraussetzung für gesellschaftliches Zusammenleben. Wie hatte doch schon Goethe in einer seiner »Maximen und Reflexionen« geschrieben? »Toleranz sollte eigentlich nur eine vorübergehende Gesinnung sein; sie muss zur Anerkennung führen. Dulden heißt beleidigen.«[3]

Toleranz also ist nicht mehr und nicht weniger als das unverzichtbare moralische Minimum beim Zusammenleben mit Menschen anderer Überzeugungen unter Voraussetzung einer für alle verbindlichen Rechtsordnung. Da gilt das Toleranzgebot: Geltenlassen unterschiedlicher politischer, religiöser und nichtreligiöser Überzeugungen nebeneinander, Anerkennung der Gleichberechtigung der Geschlechter, Respektierung der Menschenrechte. Und in Zeiten, in denen in vielen Ländern dieser Erde religiöser Fanatismus sich austobt und über die Menschen Unduldsamkeit, Hass, Spaltung, Terror und Mord bringt, ist dieses eiserne Minimum unserer Werteordnung eisern zu verteidigen.

3. Vom Dialog zum Trialog

Im Zusammenleben von Menschen verschiedener Religionen aber sind wir herausgefordert, über bloße Toleranz hinauszugehen. »Mehr als Toleranz« ist gefordert und wird da gelebt, wo man bereit ist zu einem umfassenden wechselseitigen Lernprozess. Er führt zur Wahrnehmung des Reichtums, den die je anderen Religionen zu bieten haben. Das meint Goethe, wenn er von »Anerkennung« spricht: Wertschätzen des je Anderen durch Kennenlernen des Reichtums seiner Kultur und Religion. Nur wer andere gründlich kennt, kann auch unterscheiden. Nur wer um die Andersheit des Anderen weiß, weiß auch um die Bedeutung des Eigenen.

Faktisch aber leben wir religiös noch weitgehend mit dem Rücken zu Anderen. Mit einem Tunnelblick nur für das Eigene. Mit heruntergeklapptem Visier. Es hindert daran, die Person des *Anders*glaubenden als Anders-*Glaubenden* wahrzunehmen. Das gilt auch für Deutschland, das in seiner jüngsten Geschichte Erfahrungen wie nie zuvor mit der Pluralität von Religionen machen muss: der Präsenz eines nach der Shoa wieder erstarkten Judentums (ca. 100.000 Menschen in mehr als 80

Gemeinden organisiert) und der Präsenz eines Islam mit einer geschichtlich beispiellosen Größenordnung von nominell ca. 3,5 Millionen Muslimen. Religionsgeographisch gesprochen haben wir es mit einer *dualen Grundkonstellation* zu tun, für die wir in Deutschland noch keine geschichtlichen Erfahrungen haben: einer Konstellation, bei der säkular-humanistische und kirchlich-religiöse Lebensentwürfe in unserer Gesellschaft nebeneinander existieren und innerhalb des religiösen Segments Christen, Juden und Muslime in ihrer jeweiligen inneren Differenziertheit.

Wie aber lernt man den Reichtum des je Anderen besser kennen als durch seine Ur-Kunden, seine Heiligen Schriften? Hier stehen alle vor neuen Lernprozessen. Die Ignoranz in elementaren Wissensbereichen auf allen Seiten ist skandalös. Und empörend, wenn sie sich mit Arroganz paart, der Einbildung, die eigene Religion sei jeder anderen überlegen oder Religion sei überflüssig, bestenfalls Privatsache einiger Weniger. Aufgabe der Stunde ist es, Religion als Faktor der Welt-Gesellschaft neu ernst zu nehmen und in wechselseitiger Lernbereitschaft den Reichtum des je Anderen zu erschließen. Das heißt vor allem, die *Texte der Heiligen Schriften* in ein *wechselseitiges Gespräch* zu bringen. Nur so wird man der Präsenz des je Anderen als *Anders*glaubenden und Anders*glaubenden* gerecht. Interreligiöser Dialog im Deutschland der Gegenwart aber kann sich nicht länger auf das Verhältnis von Christen und Juden allein beschränken, so wichtig diese besondere Agenda ist und bleibt. Es müssen auch Muslime einbezogen werden. Dialog muss zum Trialog werden.

Doch selbst an dialogischem Denken hat man in Theologie und Kirche oft noch wenig Interesse. Geht man wie der evangelische Theologe MICHAEL HAARMANN vor nicht allzu langer Zeit der Frage nach, wie in der aktuellen ökumenischen und kirchlichen Abendmahlsdiskussion »die Frage nach einer Zusammengehörigkeit von Abendmahl und Passa« behandelt wird, erhält man die ernüchternde Auskunft: Eine solche Zusammengehörigkeit ist »überwiegend nicht im Blick«. Was Folgen hat: »Damit wird auch die anschließende Frage, welche inhaltlichen Konsequenzen eine solche Zusammengehörigkeit für das Abendmahlsverständnis – und damit auch für ein Verständnis des Gedenkens im Abendmahl – nach sich zieht, gar nicht gestellt.«[4]

Haarmann, Schüler des um den Dialog und auch Trialog hochverdienten Wuppertaler evangelischen Theologen BERTOLD KLAPPERT, will stattdessen in seiner Arbeit »ausgehend von dem *gesamt-biblischen* Zeugnis des Alten und Neuen Testaments, einen Beitrag zur *Theologie* des Abendmahls leisten.« Er sucht dabei »den Dialog mit dem antiken und dem gegenwärtigen Judentum, um anhand des Gedenkens beim Passamahl verloren gegangene Dimensionen des Gedenkens beim Abendmahl wiederzugewinnen.«[5] Für die innerchristliche Diskussion um das Abendmahl im 20. Jahrhundert verweise ich auf diese materialreiche Studie. Sie kann zeigen, dass sich für das christliche Abendmahlsverständnis in der Tat »weitreichende Konsequenzen« ergäben, »wenn der jüdische Kontext des Abendmahls, das Passamahl, ernst genommen« würde.[6] Ich selbst teile das Grundanliegen dieser Arbeit, verdanke ihr viele wertvolle Einzelbeobachtungen, gehe in diesem hier vorgelegten Buch aber über das Jüdisch-Christliche hinaus, indem ich auch den Islam einbeziehe und zwar eine für unser Thema relevante Schlüsselstelle im Koran: Sure 5, 112–115.

4. Trilateral denken lernen im Geiste Abrahams

Zur Gewinnung trilateralen Denkens habe ich selbst seit den 1990er Jahren Lernprozesse durchmachen müssen, angestoßen durch die Zusammenarbeit mit jüdischen und muslimischen Kolleginnen und Kollegen weltweit. Bei einigen der Konferenzen, die wir jährlich in den USA abhielten, hörte ich immer wieder den Namen »Abraham«. Dass Abraham für Juden der »Vater« ihres Glaubens an den einen Gott ist, wie im Buch Genesis beschrieben, war mir selbstverständlich bewusst. Kein Judentum, das sich nicht von Abraham ableiten würde: den Verheißungen Gottes an ihn und dem Bund Gottes mit ihm. Auch dass für uns Christen Abraham »unser aller Vater vor Gott« ist, wie der Apostel Paulus im Römerbrief schreibt (Röm 4,17), war und ist mir stets gegenwärtig. Auch Christen, die an die Auferweckung des Gekreuzigten glauben, glauben »wie Abraham« (Röm 4,16), d. h. setzen ihr Vertrauen auf einen Gott, der, wie Paulus schreibt, »die Toten lebendig macht und das, was nicht ist, ins Dasein ruft« (Röm 4,17). Schon der allererste Satz des Neuen Testamentes verweist ja auf die Wurzel »Abraham«, ohne die das Ereignis »Jesus Christus« gar nicht zu verstehen ist: »Stammbaum Jesu Christi, des Sohnes Davids, des Sohnes Abrahams.« (Mt 1,1)

Aber die Muslime? Ich lerne von meinen muslimischen Partnern, dass auch Muslime in Abraham ein Urbild dessen verehren, was »Islam« als religiöse Grundhaltung wortwörtlich meint: Ergebenheit in den Willen des einen Gottes. Oder noch sachgerechter übersetzt: Frieden (»salam«) mit Gott im Leben und Sterben. Johann Wolfgang Goethe hat diese Grundhaltung von Muslimen in einem schönen Vierzeiler kongenial zur Sprache gebracht, nachzulesen im »Buch der Sprüche« seines »Westöstlichen Divan« von 1819:

»Närrisch, dass jeder in seinem Falle
Seine besondere Meynung preist!
Wenn *Islam* Gott ergeben heißt,
Im Islam leben und sterben wir alle.«[7]

Goethes Gedichtzyklus grenzensprengender, produktiver Aneignung und Kommunikation verdankt sich bekanntlich dem Dialog mit einem großen muslimischen Poeten des 14. Jahrhunderts, dem Perser MOHAMMED SCHEMSED-DIN HAFIS, und »Hafis« ist kein Name, sondern ein Titel, der bedeutet: »der den Koran auswendig kennt«. Goethe, ein guter Kenner von Bibel und Koran, kann denn auch unter Aufnahme und leichter Abwandlung von Sure 2,142 schreiben:

»Gottes ist der Orient!
Gottes ist der Occident!
Nord- und südliches Gelände
Ruht im Frieden seiner Hände.«[8]

Später wird er die Verse hinzufügen:

»Wer sich selbst und andre kennt,
Wird auch hier erkennen:
Orient und Occident
Sind nicht mehr zu trennen.

Sinnig zwischen beyden Welten
Sich zu wiegen lass ich gelten,
Also zwischen Ost und westen
Sich bewegen sey zum besten!«[9]

Vorlesungen und Seminare zu Goethes »Divan« einerseits und das gründliche Studium der neueren Kommentare zum »Divan« andererseits, einschließlich Arbeiten zu Goethes Bild der Weltkulturen, vorgelegt von der großen Goethe-Forscherin KATHARINA MOMMSEN (ausgehend von ihrem bahnbrechenden Buch »Goethe und die arabische Welt«, 1988 bis zu ihrem Band »›Orient und Okzident sind nicht mehr zu trennen‹. Goethe und die Weltkulturen«, 2012) haben mir gezeigt, dass der »Divan«, eines der ganz großen Dokumente der deutschen Literatur, alles andere als ausgeschöpft ist für eine interkulturelle und interreligiöse Kommunikation heute. Im Zeitalter des World-Wide-Web ist sie dringender denn je.

Abraham als Urvater auch des Glaubens von Muslimen! Ich mache mir klar, dass es einen Überlieferungsraum gibt, der noch vor der Trennung in vergesetzlichte Religionen liegt: in der vorgeschichtlichen Welt der Erzmütter und Erzväter. Ein Erinnerungsraum, den Juden, Christen und Muslime miteinander teilen, trotz ihrer Trennungen und den Wunden, die solche Zerrissenheit geschlagen hat. Goethes Sprecher im »Divan« will ja nicht zufällig schon im ersten Gedicht »Hegire« fluchtartig sich aus der Welt der ostwestlichen Zersplitterung zurückziehen, wo »Throne bersten, Reiche zittern«, um »im reinen Osten / Patriarchenluft zu kosten«:

>»Dort, im Reinen und im Rechten,
>Will ich menschlichen Geschlechten
>In des Ursprungs Tiefe dringen,
>Wo sie noch von Gott empfingen
>Himmelslehr' in Erdesprachen,
>Und sich nicht den Kopf zerbrachen.«[10]

Unabweisbar bin nun auch ich auf das Studium des Koran verwiesen und beginne, es für mich aufzuarbeiten, dieses Drama um Abraham und seine beiden Frauen Hagar und Sara und die jeweiligen Söhne Ismael und Isaak, aber zugleich auch die positiven Möglichkeiten zu explorieren, die in dem abrahamischen Wurzelwerk stecken, das Juden, Christen und Muslime miteinander teilen. Ich habe das schon in meinem 1995 veröffentlichten Buch »Streit um Abraham. Was Juden, Christen und Muslime trennt – und was sie eint« (Neuausgabe 2001) »abrahamische Ökumene« genannt. Denn allem geschichtlich gewachsenen Exklusivismus zum Trotz verpflichten die Abraham-Überlieferungen zu *menschenverbindendem Denken*. Für die Tora Israels ist Abraham ein »Segen« für sein Volk, aber von Anfang an auch ein Segen für »alle Geschlechter der Erde« (Gen 12,2f.). Sein programmatisch von Gott selbst vollzogener Namenswechsel steht dafür: »Du wirst Stammvater einer Menge von Völkern. Man wird dich nicht mehr Abram nennen. Abraham (Vater der Menge) wirst du heißen.« (Gen 17,4f.) Exakt dieses Wort aus der Hebräischen Bibel nimmt Paulus auf, wenn er im Römerbrief von Abraham als »unser aller Vater vor Gott« spricht und damit auf seine Weise völkerverbindend denkt. Nicht anders der Koran. Sure 2,124 nennt Abraham programmatisch eine »Wegleitung für die Menschen«, was man noch deutlicher als Hans Zirker auch so übersetzen kann: »Vorbild für die Menschen« (R. Paret), »Leitbild für die Menschen« (H. Bobzin).

Wer im Zeichen Abrahams tätig sein will, muss sich unter dieses Leitbild stellen. Die Konsequenz? Ein dem Geist Abrahams Verpflichteter hört auf, allein die Interessen seiner eigenen Nation oder Religion zu vertreten, hört auf, ein Religionslobbyist zu sein. Das unterscheidet einen Religionsfunktionär von einem Abraham-Gläubigen. Wer sich an Abraham orientiert, hat das Wohl aller Völker und Religionen im Blick. Der spürt und praktiziert Verantwortung auch den je Anderen gegenüber, ist solidarisch, wenn eine Religion verunglimpft oder gar geschändet wird, wenn Angehörige einer Religion diskriminiert oder gar bedroht werden, Objekte von kalter Ablehnung oder gar von heißen Hasstiraden werden. Und wir leben in Zeiten, in denen Antisemitismus wieder auf dem Vormarsch ist, Christenkirchen angezündet und Korane mit Verbots- und Verbrennungsdrohungen überzogen werden.

5. Ein Ethos der Geschwisterlichkeit

Wer sich als Kind Abrahams begreift, weiß sich auf ein *Ethos der Geschwisterlichkeit verpflichtet.* Gewiss: Man soll die Geschwister- und Familien-Symbolik nicht überstrapazieren, zugleich aber in ihrer pädagogisch-psychologischen Funktion auch nicht bagatellisieren. Zu jeder »normalen« Familie gehören Individualität, Rivalität, Distanz, unter Umständen auch Streit und Exodus. Juden, Christen und Muslime haben ja auch von dieser Freiheit in der Vergangenheit reichlich Gebrauch gemacht. Doch ein unverzichtbarer Gedanke ist mit dem Symbol »Familie« verbunden: bei aller Respektierung der jeweiligen Eigenständigkeit doch ein Bewusstsein der Zusammengehörigkeit, der Verantwortlichkeit, ja der Sorge füreinander und Solidarität miteinander.

Auch religiöse Autoritäten beginnen, dieses Motiv aus der Abraham-Tradition stark zu machen. PAPST BENEDIKT XVI. hat am 28. November 2006 in Ankara bei seinem Treffen mit dem Präsidenten des Direktoriums für religiöse Angelegenheiten der Türkei nicht zufällig auf Abraham verwiesen, um die »menschliche und geistige Einheit« von Christen und Muslimen zu betonen:

»Der biblischen Tradition folgend, lehrt das Konzil, dass das gesamte menschliche Geschlecht einen gemeinsamen Ursprung und eine gemeinsame Bestimmung teilt: Gott unseren Schöpfer und das Ziel unserer irdischen Pilgerschaft. Christen und Muslime gehören zur Familie derer, die an den alleinigen Gott glauben und die sich ihren jeweiligen Überlieferungen entsprechend auf Abraham berufen. Diese menschliche und geistliche Einheit in unseren Ursprüngen und Bestimmungen drängt uns dazu, einen gemeinsamen Weg zu suchen.«[11]

Gemeinsamer Ursprung – gemeinsamer Weg! Woraus folgt: Wer in Wurzel- und Beziehungskategorien denkt, ist bereit, aus der je eigenen Glaubensüberzeugung heraus die Existenz der anderen Geschwister Abrahams mit zu bedenken. Der gibt den je Anderen Raum vor Gott. Der macht Schluss damit, Andere als »Ungläubige«, »Abgefallene«, »Überholte« oder »Defizitäre« abzuqualifizieren, und ist positiv bereit, sie als »Brüder« und »Schwestern« im Glauben an den einen Gott Abrahams anzunehmen. *Trilaterales Denken* ist gefordert. Ich habe in meinen Büchern »Juden – Christen – Muslime: Herkunft und Zukunft« (2007) sowie »Weihnachten und der Koran« (2008) Grundzüge einer Theologie des Trialogs entworfen und auf der Basis umfangreicher Bibel-Koran-Studien das Trennende und das Gemeinsame von Juden, Christen und Muslimen herausgearbeitet. Auch habe ich in meinem Buch »Leben ist Brückenschlagen. Vordenker des interreligiösen Dialogs« (2011) Pinonieren des jüdisch-christlichen sowie des christlich-islamischen Dialogs umfangreiche Protraits gewidmet: *Abraham Joshua Heschel* und *Louis Massignon*.

6. Das Ziel: eine wechselseitige Erinnerungskultur

In dem hier vorgelegten Buch unternehme ich einen weiteren Versuch zur Einübung trilateralen Denkens. Ich werde diejenigen Texte in Bibel und Koran miteinander in ein Gespräch bringen, die sich auf das Abendmahl Jesu beziehen. Ich gehe somit von einem Fokus aus: in diesem Fall vom Ereignis der letzten Tisch- und Mahlgemeinschaft, die Jesus mit seinen Jüngern vor seinem Leiden und Sterben vollzogen und die er wieder aufzunehmen angekündigt hat im »Reich Gottes«: »Ihr sollt in meinem Reich mit mir an meinem Tisch essen und trinken«! (Lk 22,30) Ein Festmahl am »Himmelstisch« des Reiches Gottes hat Jesus in Aussicht gestellt.

Ich versuche zu erhellen, was dieses Ereignis mit dem jüdischen Pessachfest zu tun hat und werfe dann einen Blick in den Koran. Dieser berichtet in Sure 5,112–115 davon, Jesus habe auf eine entsprechende Frage seiner Jünger hin Gott gebeten, einen »Tisch vom Himmel« zu senden und zwar als ein »Zeichen Gottes«, damit er, dieser Tisch, »ein Fest« sei »den Ersten wie den Letzten«. Gott hat dieser Bitte Jesu entsprochen und diesen Tisch gesandt. In der Auslegungsgeschichte ist dieser Text unter anderem auf das Abendmahl Jesu bezogen worden, womit wir vor dem Faktum stehen: Der Koran verweist Muslime auf das Abendmahl Jesu als ein »Zeichen Gottes«, redet von einem Fest am gedeckten, vom Himmel auf die Erde herabgesandten Tisch »für die Ersten wie die Letzten«.

Auf der Basis dieser drei Textgruppen gehe ich abschließend der Frage nach, wie eine künftige Erinnerungskultur aussehen könnte, die sich dem trilateralen Gespräch von Juden, Christen und Muslimen verschrieben hätte. Es geht somit in diesem Buch um ein Paradigma, an dem ich Konsequenzen eines »trialogischen Denkens« demonstrieren möchte: ein Denken, das wechselseitig Präsenz und Perspektive des je Anderen mit bedenkt. Dabei müssen wir historisch-religionsgeschichtliche, exegetisch-theologische und interreligiöse Fragen unterscheiden und sie jeweils für sich beantworten. Voraussetzung ist die Klärung der elementaren Frage: Was feiern Juden am Pessachfest?

II. WAS FEIERN JUDEN AM PESSACHFEST?

Deutschland im Mittelalter: Judenverfolgungen. Sie beginnen mit den Kreuzzügen und steigern sich beim Ausbruch der Pest. Juden – Sündenböcke für Unglücke aller Art. Legenden verbreiten sich und stacheln die Verfolgungen noch an: Juden stehlen geweihte Hostien, heißt es, die sie mit Messern durchstechen, bis das Blut Christi herausfließt. Juden schlachten am Pessachfest Christenkinder, um deren Blut bei ihrem nächtlichen Gottesdienst zu trinken. Wenn sich das herumspricht, kennt der Pöbel keine Gnade, dann werden Juden gemordet und ihre Häuser geplündert. So geschieht es zu Oberwesel am Rhein. Werner, ein Kind, wird in einem Judenhaus tot aufgefunden. Und an ihn, das angebliche Märtyrerkind, heftet sich kruder Wunderglaube. Die Kirche macht ihn zum Heiligen. Ihm zu Ehren wird zu Oberwesel eine prächtige Abtei gestiftet. Ihm zu Ehren werden »am Rhein noch drei andre große Kirchen errichtet, und unzählige Juden getötet und misshandelt.«[12] Man schreibt das Jahr 1287.

1. Ein »uraltes, wunderbares Fest«: Pessach, wie Heine es beschreibt

200 Jahre ist das her. Seither lebten jüdische Gemeinden am Rhein relativ friedlich. So auch in Bacherach, wo Rabbi Abraham sein Amt versieht, wie es schon sein Vater versehen hatte. Er ist ein gelehrter und gebildeter Mann, ein »Muster gottgefäl-

ligen Wandels«.[13] Soeben ist man in der Familie dabei, nach vorgeschriebenem Ritus die Pessachfeier abzuhalten, da entdeckt der Rabbi zu seinem Entsetzen unter dem Tisch eine Kinderleiche. Man hat sie in sein Haus geschmuggelt, um einmal mehr Juden des Ritualmords bezichtigen zu können. Rabbi Abraham weiß, was das bedeutet: Der Tod schwebt über den Juden von Bacherach. In aller Stille verlässt er sein Haus und flieht zusammen mit seiner Frau Sara in das Judenghetto zu Frankfurt. Dann bricht die Erzählung ab.

1797 wird er in eine jüdische Familie Düsseldorfs hineingeboren, Heinrich Heine. Seine Mutter Betty (Jahrgang 1771) ist eine geborene van Geldern. Ihr Urgroßvater, Joseph Jacob van Geldern (1653–1727), hatte sich vom damaligen jülisch-bergischen Kurfürsten die Erlaubnis erkauft, auf der Bilker Straße in Düsseldorf-Unterbilk ein Gebäude zu errichten: ein mehrflügeliges Wohnhaus mit Synagoge und Schule. Das ist das eine für uns besonders bemerkenswerte biographische Faktum. Hinzu kommt ein zweites: Joseph Jacobs Sohn Lazarus, Bettys Großvater und somit Heines Urgroßvater mütterlicherseits, besitzt eine kostbare handgeschriebene »Pessach-Haggada« (»Pessach-Erzählung«) auf Pergament, die mit 16 kunstvollen Miniaturen versehen ist. Bei der häuslichen Feier der Familie Heine-van Geldern ist diese Handschrift in Gebrauch. Sie enthält den Ablauf einer Pessachfeier sowie die dabei vorzutragenden Texte. Obwohl religiös nicht orthodox erzogen (in Düsseldorf gibt es weder ein Ghetto noch ein eigenes Judenviertel) und auf katholische Bildungsinstitute geschickt, lernt Heine schon als Kind die Feste, Gebräuche und Überlieferungen des Judentums kennen, aber nicht im Geiste der Halacha, des traditionellen jüdisch-orthodoxen Religionsgesetzes, sondern im Geist der Haskala, der jüdischen Aufklärung. Die Frage nach einer eigenen jüdisch-orthodoxen Identität scheint früh erledigt.

Das ändert sich, als Heine nach ersten Studienaufenthalten in Bonn und Göttingen ab April 1821 sein Jura-Studium in Berlin fortsetzt. Denn hier, in dieser Stadt, tritt er in Kontakt mit dem 1819 gegründeten »Verein für Kultur und Wissenschaft der Juden«, in dessen Rahmen er eindrucksvolle jüdische Gelehrte wie Eduard Gans und Leopold Zunz kennenlernt. Jetzt ist Heine auf der Suche nach einer ihm angemessenen religiösen Identität.[14] Und jetzt vertieft sich erstmals auch sein Interesse für jüdische Kultur und Geschichte. Heine nimmt ein ambitioniertes Prosaprojekt in den Blick, einen historischen Roman mit dem Titel »Der Rabbi von Bacherach«, angeregt durch das soeben erschienene Buch des Briten Walter Scott »Ivanhoe« von 1820. Wir haben den Anfang des »Rabbi« eingangs dieses Kapitels knapp zusammengefasst. Er greift das historische Factum von Judenpogromen am Mittelrhein im 13. Jahrhundert (im Mittelpunkt der Werner-Kult) auf und gestaltet die Geschichte fiktiv weiter aus. Noch in Berlin angeregt, wird die Arbeit von Heine ab Mai 1824 in Göttingen literarisch in Angriff genommen, dann aber im Verlauf des Jahres 1825 abgebrochen und nie vollendet. Welch ein Jammer!

Denn was uns der Dichter als Fragment hinterlassen hat, lässt ahnen, wie kenntnisreich und brillant zugleich er jüdische Überlieferungen hätte beschreiben können. Sein »Rabbi« sollte ja unter anderem auch »ein literarisches Manifest« sein – so die Heine-Biographen Hauschild-Werner, »für die Bewahrung und Wiederherstellung der vom Untergang bedrohten jüdischen Riten und Traditionen«.[15] Auch der Spannungsbogen im Text ist bereits gekonnt gemacht. Heine beschreibt zunächst die »jährliche Feier des Pascha« im Hause Rabbi Abrahams zu Bacherach in ruhigem Tempo und mit viel Liebe zum sinnlichen Detail. Er nennt es »ein uraltes, wunderbares Fest« und weiß, dass es die Jahrhunderte überdauert und Juden in aller Welt zusammengehalten hat. »Noch jetzt« würden Juden in der ganzen Welt »am Vorabend des vierzehnten Tages im Monat Nissen« dieses Fest feiern.[16] In der Tat beginnt das Pessachfest für Juden bis heute am 14. Nisan abends, und zwar mit einem »Seder« (hebr.: *Ordnung),* bei dem im Rahmen einer Familienfeier ein Ritual mit besonderen Speisen, Schrifttexten, Erzählungen, Gebeten und Gesängen abläuft, alles niedergelegt in der soeben erwähnten Pessach-Haggada.

Alles Erinnern kreist dabei um ein Ereignis aus uralten Zeiten. Aber im Ritual wird es so vergegenwärtigt, als seien die Teilnehmer selbst dabei gewesen: damals bei der Befreiung der alten Israeliten »aus ägyptischer Knechtschaft«! Ruhig und sachlich wird dies bei Heine erzählt, um dann umso ergreifender und zupackender den plötzlichen Abbruch der Feier, den Schock Rabbi Abrahams über die eingeschmuggelte Kinderleiche und die panikartige Flucht des Ehepaars aus Bacherach zu schildern: »Siehst du den Engel des Todes?«, lässt Heine seinen Rabbi zu dessen Frau sagen. »Dort unten schwebt er über Bacherach! Wir aber sind seinem Schwerte entronnen. Gelobt sei der Herr!«[17] Ein neuer Exodus bei der Feier des Exodus, eine neue Flucht von Juden bei der Erinnerung an die Flucht aus Ägypten! Heines Pointe ist gezielt gesetzt. Der deutschen Gesellschaft, für die dieser Text geschrieben ist, sollte ein Spiegel vorgehalten werden: Juden haben eine »uralte, wunderbare« Festkultur, das ist das eine. Und das andere: Exodus hat für Juden nie aufgehört, wo immer sie auch leben.

Ruhiges Tempo, Liebe zum sinnlichen Detail, Bewusstsein des Zusammenhalts von Juden in der ganzen Welt, Gefahren für Juden und neue Flucht: Was das für die Pessachfeier bedeutet, wird im »Rabbi« detailliert beschrieben. Hier dürften dann auch Heines Erfahrungen u. a. mit der alten Pessach-Haggada seines Urgroßvaters Lazarus van Geldern eingeflossen sein.

Lange Zeit galt sie als verschollen, bis sie 1946 in einem Amsterdamer Antiquariat wieder auftauchte, 1952 den rechtmäßigen Besitzern zurückgegeben und 1997 in einer prachtvollen Fakisimile-Edition der allgemeinen Öffentlichkeit zugängig gemacht wurde.[18] Obwohl wir durch keinen Text belegen können, ob Heine die Haggada seines Urgroßvaters je in der Hand gehabt hat, fallen doch Ähnlichkeiten zwischen der Beschreibung der Sedergesellschaft mitsamt den »bunt und keck bemalten Bildern« der »Agade« des Rabbi Abraham im Roman und den Illustrationen in der van-Geldern-Haggada ins Auge. Im »Rabbi« ist denn auch von »dem hübschen, in Gold und Sammet gebundenen Pergamentbuche« die Rede, einem »alten Erbstück mit verjährten Weinflecken« aus »den Zeiten des Großvaters« von Rabbi Abraham. Von Sara, der Frau des Rabbi, heißt es, »dass sie schon als kleines Mädchen« am Pascha-Abend die vielen Bilder so gern betrachtet habe. Sie hätten »allerley biblische Geschichten« dargestellt, als da seien:

> »wie Abraham die steinernen Götzen seines Vaters mit dem Hammer entzweiklopft, wie die Engel zu ihm kommen, wie Moses den Mitzri totschlägt, wie Pharao prächtig auf dem Throne sitzt, wie ihm die Frösche sogar bei Tisch keine Ruhe lassen, wie er Gott sei Dank versäuft, wie die Kinder Israel vorsichtig durch das Rote Meer gehen, wie sie offnen Maules, mit ihren Schafen, Kühen und Ochsen vor dem Berge Sinai stehen, dann auch wie der fromme König David die Harfe spielt, und endlich wie Jerusalem mit den Türmen und Zinnen seines Tempels bestrahlt wird vom Glanze der Sonne.«[19]

Was den *Seder* betrifft, so beschreibt ihn Heine wie folgt. Ich zeige die Struktur des Textes, indem ich Absätze einziehe:

»Sobald es Nacht ist, zündet die Hausfrau die Lichter an, spreitet das Tafeltuch über den Tisch, legt in die Mitte desselben drei von den platten ungesäuerten Bröten, verdeckt sie mit einer Serviette und stellt auf diesen erhöhten Platz sechs kleine Schüsseln, worin symbolische Speisen enthalten, nämlich ein Ei, Lattig, Mairettigwurzel, ein Lammknochen, und eine braune Mischung von Rosinen, Zimmet und Nüssen.

An diesen Tisch setzt sich der Hausvater mit allen Verwandten und Genossen und liest ihnen vor aus einem abenteuerlichen Buche, das die Agade heißt, und dessen Inhalt eine seltsame Mischung ist von Sagen der Vorfahren, Wundergeschichten aus Ägypten, kuriosen Erzählungen, Streitfragen, Gebeten und Festliedern.

Eine große Abendmahlzeit wird in die Mitte dieser Feier eingeschoben, und sogar während des Vorlesens wird zu bestimmten Zeiten etwas von den symbolischen Gerichten gekostet, so wie alsdann auch Stückchen von dem ungesäuerten Brote gegessen und vier Becher roten Weines getrunken werden.

Wehmütig heiter, ernsthaft spielend und märchenhaft geheimnisvoll ist der Charakter dieser Abendfeier, und der herkömmlich singende Ton, womit die Agade von dem Hausvater vorgelesen und zuweilen chorartig von den Zuhörern nachgesprochen wird, klingt so schauervoll innig, so mütterlich einlullend, und zugleich so hastig aufweckend, dass selbst diejenigen Juden, die längst von dem Glauben ihrer Väter abgefallen und fremden Freuden und Ehren nachgejagt sind, im tiefsten Herzen erschüttert werden, wenn ihnen die alten, wohlbekannten Paschaklänge zufällig ins Ohr dringen.«[20]

»Die alten, wohlbekannten Paschaklänge«. Es ist Heinrich Heine, der uns Lesern, Juden wie Nichtjuden, Schönheit und Tiefe, Sinnlichkeit und Sinn dieses »uralten« Festes zu erschließen vermag, das bis heute in der Welt des Judentums nach der Ordnung der Pessach-Haggada gefeiert wird.

Doch die »Agade«, wie Heine sich ausdrückt, hat es nicht schon immer gegeben. Fest und Festablauf sind zwar »uralt«, aber nicht »vom Himmel gefallen«. Wir haben zu fragen: Wie sind Pessachfest und -feier entstanden, welches sind die biblischen Texte, die uns seine Genese und Bedeutung verstehen helfen? Auf Einzelheiten kann ich mich hier nicht einlassen. Eine Kulturgeschichte des Pessachfestes will ich hier nicht vorlegen, zumal die komplexe Quellenlage unterschiedliche Deutungen erzeugt, und die Forschung sich hinsichtlich Herkunft und Entwicklung von Pessach höchst uneins ist. Ich konzentriere mich auf einige wenige konsensfähige Grundlinien vor allem mit Blick »nach vorn«. Ich will insbesondere zu klären versuchen, warum für Christen (und dann auch Muslime) die Erinnerung an das jüdische Pessachfest Teil auch ihrer Erinnerungskultur sein könnte und sollte. Dazu muss in erster Linie herausgearbeitet werden, was genau an Pessach erinnert werden soll und was dieses Fest für Juden bedeutet.

2. Der Ursprung: ein Blutritus zur Abwehr von Unheil

Wie auch immer sich das jüdische Pessachfest über einen langen Zeitraum entwickelt hat: Geprägt wird es von Anfang an von der Erinnerung an die Präsenz des Volkes Israel in Ägypten. Diese *Erfahrung* wird schon im *ältesten Text der Tora* zu Pessach festgehalten: im Buch *Exodus, Kap. 12,21–23,* ein selbstständiger

Text, dessen Selbstständigkeit man schon daran erkennt, dass er kompositorisch in einen asymetrischen Kontext wie eingebaut erscheint: eingefügt zwischen die Erzählung von der neunten und der zehnten Plage, mit der Gott die Ägypter schlägt, um die Freigebung des Volkes Israel zu erzwingen:

> »Da rief Mose alle Ältesten Israels zusammen und sagte zu ihnen: Holt Schafe oder Ziegen für eure Sippenverbände herbei, und schlachtet das Paschalamm! Dann nehmt einen Ysopzweig, taucht ihn in die Schüssel mit Blut, und streicht etwas von dem Blut in der Schüssel auf den Türsturz und auf die beiden Türpfosten! Bis zum Morgen darf niemand von euch das Haus verlassen. Der Herr geht umher, um die Ägypter mit Unheil zu schlagen. Wenn er das Blut am Türsturz und an den beiden Türpfosten sieht, wird er an der Tür vorübergehen und dem Vernichter nicht erlauben, in eure Häuser einzudringen und euch zu schlagen. Haltet euch an diese Anordnung! Sie gelte dir und deinen Nachkommen als feste Regel.« (Ex 12,21–23)

Schon in diesem ältesten Text wird »Pascha« *zum Ersten* mit der prekären Existenz Israels in Ägypten verbunden, *zum Zweiten* mit Anweisungen zur *Schlachtung eines Tieres (»Paschalamm«)* und *zum Dritten* mit einem *Blutritus.* Durch Bestreichen des Türrahmens eines jeden von Israeliten in Ägypten bewohnten Hauses mit einem »Ysopzweig«, den man vorher in eine Schüssel voll Blut getaucht hat, soll das eigene Haus vor Unheil geschützt werden, während der Gott Israels umhergeht und die Ägypter mit neuem Unheil schlägt: der Tötung ihrer Erstgeborenen (10. Plage). Die Erwähnung eines Blutritus erlaubt den Rückschluss, dass es sich bei Pessach ursprünglich – in nomadischer Zeit – um einen Fluch oder Unglück abwehrenden »Blutritus zum Zweck der Bewahrung des Familienverbandes vor Unheil«[21] gehandelt haben dürfte. In der Nacht vor dem jährlichen Weidewechsel von der Wüste ins Kulturland wird man mit dem Blut eines Opfertiers einen Verderben bringenden Dämon abgewehrt haben. Darauf spielt wohl das Wort vom »Vernichter« an, das uns in Ex 12,20 begegnet.

3. Ein Wallfahrtsfest zum zentralen Heiligtum: Jerusalem

Unter dem Eindruck der Sesshaftwerdung des Volkes Israel in Kanaan bekommt der nomadische Brauch eine neue Bedeutung. Denn jetzt schaut man zurück, woher man kam und wem man seine Freiheit verdankt. Jetzt wird Pascha direkt mit dem *Auszug* (»Exodus«)der Israeliten aus Ägypten verbunden und die Erinnerung daran zum *Faktor im jährlichen Fest-Kalender*. Das zeigt sich auf der Textebene eindrucksvoll im 5. Buch Mose, dem *Deuteronomium, Kapitel 16*, wo Pessach zusammen mit anderen Festen so beschrieben wird:

> »[1] Achte auf den Monat Abib, und feiere dem Herrn, deinem Gott, das Paschafest; denn im Monat Abib hat der Herr, dein Gott, dich nachts aus Ägypten geführt. [2] Als Paschatiere für den Herrn, deinen Gott, sollst du Schafe, Ziegen oder Rinder schlachten an der Stätte, die der Herr auswählen wird, indem er dort seinen Namen wohnen lässt. [3] Du sollst nichts Gesäuertes dazu essen. Sieben Tage lang sollst du ungesäuertes Brot dazu essen, die Speise der Bedrängnis, damit du dein ganzes Leben lang des Tages gedenkst, an dem du aus Ägypten gezogen bist. Denn in Hast bist du aus Ägypten gezogen. [4] In deinem ganzen Gebiet soll sieben Tage lang kein Sauer-

teig zu finden sein, und vom Fleisch des Tieres, das du am Abend des ersten Tages schlachtest, darf bis zum andern Morgen nichts übrigbleiben. [5] Du darfst das Paschatier nicht in irgendeinem der Stadtbereiche schlachten, die der Herr, dein Gott, dir geben wird, [6] sondern nur an der Stätte, die der Herr, dein Gott, auswählt, indem er dort seinen Namen wohnen lässt. Dort sollst du das Paschatier schlachten, am Abend bei Sonnenuntergang, zu der Stunde, in der du aus Ägypten gezogen bist. [7] Du sollst es an der Stätte kochen und verzehren, die der Herr, dein Gott, ausgewählt hat, und am Morgen darfst du wieder zu deinen Zelten zurückkehren. [8] Sechs Tage sollst du ungesäuertes Brot essen, am siebten Tag ist eine Festversammlung für den Herrn, deinen Gott; da sollst du keine Arbeit tun.« (Dtn 16,1–8)

Dieses Textfenster macht uns klar, dass der Pessachritus sich zu einem eigenständigen öffentlichen Fest des ganzen Volkes entwickelt hat. Als Kernbestandteil bewahrt bleibt die Schlachtung eines »Paschatiers«. Dieser Vorgang aber wird jetzt aktualisierend eingebettet in die Exodus-Situation von einst. Somit lässt dieser für die Geschichte des Pessachfestes zentrale Text Dtn 16,1–8 drei Entwicklungsschübe erkennen:

(1) Pessach ist ein *eigenes* »Fest«, das einmal im Jahr in einem konkreten (von der Exodus-Überlieferung her bestimmten) Monat »dem Herrn« gefeiert werden soll (vgl. auch Ex 34,18). Dem in vorexilischer Zeit sogenannten Monat »Abib« (der »Ährenmonat«) entspricht nach dem Exil der Monat Nisan (vgl. Neh 2,1). Damit verbunden ist das Schlachten von »Paschatieren« und zwar am Abend des ersten Festtages und der Ganzverzehr des Fleisches bis zum anderen Morgen. Erst dann kann man zu seinen »Zelten« zurückkehren. Diese Schlachtung aber

soll nicht irgendwo erfolgen, sondern ausschließlich an der Stätte, die Gott ausgewählt hat: im Tempel zu Jerusalem als dem zentralen Heiligtum für den Kult. Woraus folgt:

(2) Das Verbot der Hausschlachtung und die *Zentralisierung der Tierschlachtung im Tempel zu Jerusalem*. Das hat zur Folge, dass man jährlich nach Jerusalem pilgern muss, denn nur dort kann man das Fest in ritueller Korrektheit begehen. Pessach ist jetzt gleichzeitig ein *Wallfahrtsfest*, bei dem man zum zentralen Kultheiligtum in Jerusalem »hinaufzieht«.

(3) Das Pessachfest ist mit dem »*Mazzotfest*« verbunden, dem »Fest der Ungesäuerten Brote«. Aller Sauerteig muss vor Festbeginn aus dem Haus geschafft und sieben Tage lang soll jedweder Sauerteig strikt vermieden werden. Dazu ergeht in Ex 12,15 die noch genauere Anweisung, »gleich am ersten Tag« allen Sauerteig »aus den Häusern« zu schaffen.

(4) All diese Vorschriften werden mit der *Exodus-Erinnerung* begründet. Gleich dreimal wird in Dtn 16 darauf angespielt:

– Stichwort: *Hast*. Zeitdruck hat es den Israeliten in der Nacht des Auszugs verunmöglicht, »gesäuertes Brot« zu backen, d.h. Teig für ihre Brote wie üblich säuern zu lassen. Nur Mehl und Wasser hatten verrührt werden können. In der Wüste aber hatte man damit auf heißen Steinen zumindest dünne Fladen backen können.

– Stichwort: *Speise der Bedrängnis*. Die bis heute beim Pessachmahl verwandten »Mazzen« (Heine spricht von »ungesäuerten Bröten«) sollen symbolisch stehen für die Notsituation eines verfolgten Volkes.

– Stichwort: »*nachts aus Ägypten geführt*« oder »*am Abend bei Sonnenuntergang*«. Diese Zeitangabe »reinszeniert« die Stunde, in der seinerzeit die Israeliten aus Ägypten aufgebrochen waren. Somit ist die Nacht des Gedenkens an den Auszug Israels aus

Ägypten die »heilige Nacht« schlechthin im Alten Israel damals, im Judentum heute.[22]

Die Folgen für Pessach sind weitreichend, verfolgen doch die Vorschriften des Deuteronomium ganz offensichtlich die Absicht, »das Passah von einem situativ zu veranstalteten Blutritus zu einem vom ganzen Volk am Heiligtum in Jerusalem zu feiernden Opfermahl mit Gedächtnischarakter zu machen.«[23] Inhaltlich unterscheidend bleiben das Tieropfer und die Erinnerung an den Auszug aus ägyptischer Knechtschaft. Dabei ist alle Handlung noch ganz auf den Tempel konzentriert. Von einer häuslichen Feier ist noch keine Rede. Die Exodus-Erfahrung aber wird als so einschneidend erlebt, dass sich jeder in Israel daran sein »*ganzes Leben*« erinnern soll. Im Ritual des Festes soll sich jeder Einzelne gleichsam selbst in die Situation der Auszugs-Generation versetzen, erfüllt von Dankbarkeit für Gottes Rettungstat, ohne die es kein Volk Israel gäbe und ohne die man nicht Teil des Volkes wäre. »Damit *du* dein ganzes Leben…«: Darauf liegt der Akzent. Auch die Generationen nach dem Exodus haben somit Anteil an dieser geschichtlichen Tat Gottes. Die Neuerung des Deuteronomium kann man folglich mit dem Münchner Alttestamentler ECKART OTTO so umschreiben: Der »Blutritus des Passa ist durch ein Gemeinschaftsopfer ersetzt, das die Wallfahrtsgemeinde am Zentralheiligtum im Gedächtnis an die Leiden des Exodus (Dtn 16,3) eint. In der deuteronomistischen Festtheorie ist das Passa-Mazzotfest das Hauptfest im Jahreszyklus.«[23]

Texte sind das eine, das Leben ist das andere. Ja, man könnte sagen: Die Texte müssten so eindrücklich die Vorschriften und Begründungen nicht einschärfen, wenn das, was sie festhalten und anordnen, wie selbstverständlich in Israel praktiziert worden wäre. Das Gegenteil ist vielfach der Fall. Das Gesetz des

Mose ist lange Zeit in Vergessenheit geraten. Erst unter der Herrschaft des KÖNIGS JOSCHIJA im Südreich Juda mit der Hauptstadt Jerusalem (640–609 v. Chr.) kommt es im Jahre 622 zu einer überraschenden Wiederauffindung des »Gesetzbuches« (2 Kön 22,8), worunter wir die gesetzgeberischen Teile des Deuteronomium zu verstehen haben. Dies als Fingerzeig Gottes begreifend, führt König Joschija eine radikale religiöse Reform entsprechend den Weisungen des Mose durch. Jetzt wird in Juda Wirklichkeit, was in Dtn 16,1–8 nur beschworen wird: die Feier des Pessachfestes. In den Geschichtsbüchern Israels ist festgehalten:

> »Nun befahl der König dem ganzen Volk: Feiert das Pascha-fest zur Ehre des Herrn, eures Gottes, wie es in diesem Bundesbuch vorgeschrieben ist. Ein solches Pascha war nämlich nicht gefeiert worden seit den Tagen der Richter, die Israel regierten, auch nicht in der ganzen Zeit der Könige von Israel und Juda. Erst im achtzehnten Jahr des Königs Joschija wurde dieses Pascha zur Ehre des Herrn in Jerusalem begangen.« (2 Kön 23,21–23; vgl. 2 Chr 35,1–19)

Wir halten fest: Erst in der späten Königszeit ist im Zusammenhang mit der Kultreform des Joschija (622 v. Chr.) aus dem ursprünglichen Blutritus ein zentrales, ausschließlich am Jerusalemer Tempel zu begehendes Fest im Staatskult geworden.

4. Die Einbettung in eine Familien- und Hausgemeinschaft

Aber noch ein drittes Entwicklungsmoment ist zu beachten. Es hat mit der Erfahrung des rund 50-jährigen Exils des Volkes

Israel in Babylonien zu tun (586–538 v. Chr.). Im Jahre 586 war Jerusalem durch Truppen des babylonischen Königs Nebukadnezar erobert worden. Damit hatte das Südreich Juda das Schicksal ereilt, das dem Nordreich Israel schon im Jahre 722 durch assyrische Truppen widerfahren war: Besetzung der Hauptstadt und Deportation großer Teile der Bevölkerung außer Landes. Eine nicht nur politische, sondern auch religiöse Katastrophe. Denn mit dem Verlust Jerusalems hatte man auch den Tempel verloren und damit das zentrale Kult- und Wallfahrtszentrum. Eine rituelle Schlachtung von Tieren ist jetzt ebenso wenig möglich wie ein öffentliches Fest für Massen von Pilgern.

Doch die Erinnerung an den Exodus bleibt stark. So ist man gezwungen, anstelle von öffentlichen Ritualen private Rituale in der *Familien- und Hausgemeinschaft* durchzuführen und sie ihrerseits mit detaillierten Regeln zu versehen. Diese in der Exilszeit vollzogene Verwandlung des Pessachfestes von einem öffentlichen und zentralen Kultfest zu einer haus- und familiengebundenen Feier spiegeln u. a. die priesterschriftlichen Texte von *Ex 12,1–12* wieder:

»[1] Der Herr sprach zu Mose und Aaron in Ägypten: [2] Dieser Monat soll die Reihe eurer Monate eröffnen, er soll euch als der erste unter den Monaten des Jahres gelten. [3] Sagt der ganzen Gemeinde Israel: Am Zehnten dieses Monats soll jeder ein Lamm für seine *Familie* holen, ein Lamm *für jedes Haus*. [4] Ist die *Hausgemeinschaft* für ein Lamm zu klein, so nehme er es zusammen mit dem Nachbarn, der seinem Haus am nächsten wohnt, nach der Anzahl der Personen. Bei der Aufteilung des Lammes müsst ihr berücksichtigen, wie viel der einzelne essen kann. [5] Nur ein fehlerfreies, männliches, einjähriges Lamm darf es sein, das Junge eines Schafes oder einer Ziege müsst ihr nehmen. ⁶ Ihr sollt es bis zum vierzehnten Tag dieses Monats aufbewahren. Gegen Abend soll die ganze versammelte Gemeinde Israel die Lämmer schlachten. ⁷ Man nehme etwas von dem Blut und bestreiche damit die beiden Türpfosten und den Türsturz an den Häusern, in denen man das Lamm essen will. ⁸ Noch in der gleichen Nacht soll man das Fleisch essen. Über dem Feuer gebraten und zusammen mit ungesäuertem Brot und Bitterkräutern soll man es essen. ⁹ Nichts davon dürft ihr roh oder in Wasser gekocht essen, sondern es muss über dem Feuer gebraten sein. Kopf und Beine dürfen noch nicht vom Rumpf getrennt sein. ¹⁰ Ihr dürft nichts bis zum Morgen übriglassen. Wenn aber am Morgen noch etwas übrig ist, dann verbrennt es im Feuer! ¹¹ So aber sollt ihr es essen: eure Hüften gegürtet, Schuhe an den Füßen, den Stab in der Hand. Esst es hastig! Es ist die Paschafeier für den Herrn. ¹² In dieser Nacht gehe ich durch Ägypten und erschlage in Ägypten jeden Erstgeborenen bei Mensch und Vieh.«

Der Akzent dieses Textes liegt deutlich auf »Haus«, »Hausgemeinschaft« und »Nachbarschaft«, und die Anweisungen bezüglich Termin, Tierwahl, Schlachtung und Verzehr sind jetzt erkennbar detaillierter: Als *Termin* des Pessachfestes wird hier der erste Monat im religiösen Kalender des Judentums festgelegt. Er ist es bis heute. Die Feier des Passamahls findet in der ersten Vollmondnacht nach der Frühjahrs-Tag- und Nachtgleiche statt, am 14. Nisan.

Auch der *Verzehr der Speisen beim Mahl* wird genauer geregelt. Zunächst erfolgen Vorschriften zur Auswahl der Tiere (makellos, männlich, einjährig; Lamm oder Ziege), dann bezüglich Schlachtung, die »gegen Abend« des 14. Tages kollektiv (»die ganze versammelte Gemeinde«) zu erfolgen hat, dann soll der Blutritus vollzogen werden, das Bestreichen von Türpfosten und Türrahmen mit Blut. Schließlich wird klar geregelt, dass der Verzehr des gesamten Fleisches in einer Nacht erfolgen muss. Bleiben Reste, so sollen sie »im Feuer« verbrannt werden. Gleichzeitig mit dem gebratenen Fleisch sollen *ungesäuertes Brot* und *Bitterkräuter* verzehrt werden.

5. Haus und Tempel: der doppelte Ort des Festes

Doch auch das Exil in Babylon dauert nicht ewig. Im Jahr 539 erobern die Truppen des persischen Großkönigs Kyros Babylonien und beenden die Vormachtstellung des babylonischen Reiches. Damit schlägt auch die Stunde der Freiheit für die deportierten Israeliten. Durch ein Edikt des Kyros im Jahre 538 ist eine Rückkehr nach Jerusalem möglich. Möglich wird damit aber auch der Wiederaufbau des Tempels sowie die Wiederaufnahme von zentralen Tierschlachtungen und die öffentlichen Opferrituale. Penibel vermerkt ist das im *Buch Esra*, das einem aus Babylon heimgekehrten Reformer zugeschrieben wird. Im Jahre 515 sei es erstmals wieder möglich geworden, heißt es, dass die Heimkehrer im Tempel zu Jerusalem das Pessachfest hätten feiern können:

»[19] Am vierzehnten Tag des ersten Monats feierten die Heimkehrer das Pascha-Fest. [20] Jeder der Priester und Leviten hatte sich gereinigt, so dass sie alle rein waren. Die Leviten schlachteten das Paschalamm für alle Heimkehrer und für ihre Brüder, die Priester, und für sich selbst. [21] Dieses Paschalamm aßen die Israeliten, die aus der Verbannung heimgekehrt waren, sowie alle, die sich von der Unreinheit der Völker des Landes abgesondert hatten, um mit ihnen zusammen den

Herrn, den Gott Israels, zu suchen. [22] Sieben Tage lang feierten sie voll Freude das Fest der Ungesäuerten Brote. Denn der Herr hatte sie froh gemacht und ihnen das Herz des Königs von Assur zugewandt, sodass er sie bei der Arbeit am Haus Gottes, des Gottes Israels, unterstützte.« (Esra 6,19–22)

Diese erneute Umwandlung von Pessach von einer Haus- und Familienfeier zu einem zentralen Wallfahrts- und Tempelfest jedoch konnte sich allerdings in Israel nicht vollständig durchsetzen. Unter römischer Herrschaft ab dem 1. Jahrhundert vor Christus wird denn auch nur die Schlachtung im Tempel vollzogen und zwar durch die Festpilger selbst. Sie nehmen ihren Teil des Fleisches, braten ihn und verzehren ihn dann mit Vorspeisen, Wein und Gesang in angemieteten Häusern. Zur Zeit Jesu dürfte sich genau dies abgespielt haben: Pessach als das Hauptfest des Judentums ist ein jährliches Wallfahrtsfest zum zentralen Heiligtum, dem Tempel zu Jerusalem, das jetzt öffentliche Elemente (Schlachtung) mit häuslichen (»Seder«) verbindet.

Worum aber geht es in der Sache? Woran genau wird an Pessach erinnert? Ich bündle noch einmal die entscheidenden und unterscheidenden Merkmale des Pessachfestes.

6. Was an Pessach erinnert wird

Das Pessachfest ist Ausdruck einer Erinnerungskultur, die zumindest vier feste inhaltliche Kernbestandteile hat:

Freiheit als Befreiung durch Gott
Pessach erinnert an die Befreiung eines bedrohten, um sein Leben bangenden Volkes, des Volkes Israel, aus der einstigen

Knechtschaft in Ägypten. Pessach ist somit im Judentum ein für allemal das große Fest wider Unfreiheit und Versklavung, Ausdruck – Stichwort 1 – einer Erinnerungskultur, welche die Würde des Volkes in dessen *Freiheit und Selbstbestimmung* erblickt. Diese Freiheit aber verdankt das Volk nicht sich selbst, sondern Gott. Die dem Pessachfest zugrunde liegende Theologie ist im wahrsten Sinne des Wortes eine *Befreiungstheologie*.

Die Geburt Israels als Gottesvolk

Pessach erinnert an eine Befreiungstat *Gottes* an seinem Volk Israel. Dtn 16,1 zufolge soll Israel »dem Herrn, seinem *Gott*« das Passafest feiern. Nicht zufällig wird das mehrfach in diesem Text eingeschärft: »der Herr, dein *Gott*« hat dich aus Ägypten herausgeführt; für den »Herrn, deinen *Gott*« sollst du die Paschatiere schlachten; »der Herr, dein *Gott*« hat die Stätte der Schlachtung bestimmt, wo er *seinen* Namen wohnen lassen will. Woraus folgt: Pessach ist im wahrsten Sinne des Wortes *ein theozentrisches Fest*. Im Mittelpunkt steht nicht die Leistung oder der Erfolg des Volkes, sondern die Dankbarkeit für Gottes Befreiungs- und Rettungs-Tat an Israel. Diese Befreiung ist das Urdatum von Israels Gottesgeschichte und leitet zusammen mit der anschließenden Wüstenwanderung einen Prozess der Volkwerdung ein. Israel wird zu dem von Gott erwählten Bundesvolk, das dann am »Sinai« die Lebensordnung Gottes empfängt, die Tora als »Weisung« für ein Leben vor Gott. Pessach ist somit das große Fest *wider das Vergessen*, Ausdruck – Stichwort 2 – einer Erinnerungskultur, die *Israels Identität als Volk Gottes* konstituiert.

Vergegenwärtigung des Vergangenen

Pessach ist ein Fest mit besonderen Ritualen. Schon dass es als einziges Fest des Judentums in der Nacht gefeiert werden muss, macht seinen besonderen Charakter aus. Dabei wird die Ursprungssituation des Exodus so erinnert, dass das Vergangene vergegenwärtigt wird, als sei man selbst aus Ägypten aufgebrochen. Symbolisch wird diese Aufbruchsituation »reinszeniert« durch die Verwendung von ungesäuertem Brot und besonderen Kräutern, die Feier zur Nachtzeit und den Verzehr von Fleisch zuvor geschlachteter Tiere. Pessach ist somit das große Fest *wider das Vergessen* und *die Vergleichgültigung.* Ausdruck – Stichwort 3 – einer *Unterbrechungskultur* um eines besonderen Auftrags willen: Zeugnis zu geben für das besondere Handeln Gottes an Israel.

Stiftung von Gemeinschaft

Pessach ist ein Familienfest. Das Ritual hat nicht nur eine Memorial-Funktion (in die Tiefen der Geschichte), sondern auch eine Sozial-Funktion in die Breite des Raums. Es stiftet Gemeinschaft und damit Teilhabe am Schicksal untereinander. Die Präsenz verschiedener Generationen in einer Familie ist konstitutiv, soll doch die Überlieferung von Generation zu Generation weitergegeben werden. Somit ist Pessach das große Fest *wider die Vereinzelung,* Ausdruck – Stichwort 4 – einer *Gemeinschaftskultur*, die Juden in aller Welt zusammenhält.

7. Die Entstehung der Pessach-Haggada: der »Seder«

Zur Feier des Festes entwickelt sich ein Ritual, ein »Seder« (hebräisch für »Ordnung«), das wir als *Pessach-Haggada* kennen und das in den rabbinischen Schriften (im Traktat »Pesachim« der Mischna) im Ablauf erstmals verschriftlicht wurde. Diesen Seder hat Heinrich Heine vor Augen, wenn er im »Rabbi von

Bacherach« die »Feier des Pascha« beschreibt. Sie vermag in der Tat Juden »im tiefsten Herzen« zu erschüttern, auch dann, wenn sie »längst von dem Glauben ihrer Väter abgefallen und fremden Freuden und Ehren nachgejagt sind«, so Heine schon vor 200 Jahren.

Dürfen wir diesen Seder, wie ihn Heine schon kannte und wie er heute begangen wird, für die Zeit Jesu voraussetzen? Nicht automatisch, denn der voll entfaltete Seder ist uns erst in der Mischna (hebräisch: *Wiederholung*) greifbar, der ersten größeren Niederschrift der mündlichen Tora und als solche eine der wichtigsten Sammlungen religionsgesetzlicher Überlieferungen (hebräisch: *Halacha*) des rabbinischen Judentums. Um 200 n. Chr. von Rabbi Jehuda Hanasi redigiert und abgeschlossen, enthält die Mischna die durch Generationen von Rabbinen vom 1. bis zum 3. Jahrhundert n. Chr. vorgenommene Auslegungen der schriftlichen Tora, wie wir sie in den fünf Büchern Mose vor uns haben. Ihre Bedeutung liegt darin, Zusammenhalt und Kontinuität des jüdischen Volkes zu sichern, nachdem das Judentum im Jahre 70 n. Chr. durch die Römer einmal mehr sein Zentrum Jerusalem verloren hatte und in alle Welt zerstreut worden war. Aufgebaut ist die Mischna nach sechs »Ordnungen« (hebräisch: *Sedarim*, Plural von »Seder«) zu insgesamt 63 Traktaten, und eine der Ordnungen ist den »Festzeiten« (hebräisch: *Moed*) gewidmet: Zwölf Traktate zu Fest- und Fasttagen, darunter genaue Anweisungen zur Feier von Pessach, nachzulesen im schon erwähnten Traktat Pesachim.

Da aber die Mischna erst Anfang des dritten Jahrhunderts kodifiziert wurde, verbietet sich eine simple Rückprojektion ins erste Jahrhundert, in die Zeit Jesu. Zumal wir davon ausgehen müssen, dass der entsprechende Mischna-Traktat eine Entwicklung des Seder nach dem Jahre 70 wiederspiegelt, als es auf Grund der Zerstörung des Tempels einmal mehr unmöglich

geworden war, das traditionelle Schlachtritual für die Pessachtiere durchzuführen. Entsprechend dürfte sich die Pessach-
Haggada der Entwicklung angepasst und den Schwerpunkt des
Geschehens vom gemeinsamen Mahl auf das gemeinsame Gespräch und das Erzählen des Exodus-Geschehens während der
häuslichen Mahlfeier verlagert haben. Das dürfte zur Zeit Jesu
noch anders gewesen sein. Wir wissen wenig darüber, denn wir
müssen uns mit dem Judaisten GÜNTER STEMBERGER, der nach
möglichen Beziehungen zwischen der Pessach-Haggada und
den Abendmahlsberichten des Neuen Testamentes gesucht hat,
eingestehen: »Wir haben keine Quellen, um etwas über den Ablauf des Pessachmahles vor dem Jahr 70 oder dabei verwendete
Texte auszusagen.«[25]

Doch zumindest das Vorhandensein von »Grundzügen« des
später voll ausgebauten und bis heute bestehenden Seder für die
Zeit Jesu schließt auch Stemberger nicht aus, wenn auch nur
»für pharisäische Kreise«, die »nachweisbar schon früh bemüht
waren, manche ursprünglich an den Tempel gebundene Ge-
setze und Bräuche in das persönliche Leben der Mitglieder zu
übertragen.«[26] Ja, dass es einen häuslichen Seder am Vorabend
zum Auftakt des Pessachfestes im Jerusalemer Judentum des
1. Jahrhunderts gegeben haben muss, bestätigt gerade das Neue
Testament, wenn wir auch eine feste Form für den konkreten
Ablauf nicht voraussetzen können. Wenn also in Bezug auf eine
detaillierte Rekonstruktion eines Paschamahls zur Zeit Jesu auf
Grund fehlender Quellen Zurückhaltung geboten ist, so steht
doch auch für Stemberger fest, dass der Versuch sinnvoll sein
kann, »das Neue Testament als Quelle für die frühe Entwicklung des Pesachseders zu verwenden.«[27] Warum? Weil *erstens*
die »synoptischen Abendmahlsberichte«, die Texte also in den
Evangelien des Markus, Matthäus und Lukas, »auf jeden Fall an
ein Pesachmahl denken«[28] und *zweitens* »jüdisch-theologische

Vorstellungen im Zusammenhang mit Pessach für die gedankliche und atmosphärische Kennzeichnung der neutestamentlichen Texte«[29] Verwendung gefunden haben. Genau das wollen wir im Folgenden zu zeigen versuchen und stützen uns dabei vor allem auf die Arbeit des evangelischen Neutestamentlers JOACHIM JEREMIAS, dem wir das bis heute maßgebende Werk über die »Abendmahlsworte Jesu« (1935, 4. Aufl. 1967) im Lichte der Pessachüberlieferungen verdanken. Er hat die neutestamentlichen und zahlreiche weitere Einzelbelege aus den unterschiedlichsten Quellen ausgewertet und Grundelemente einer Sederfeier zur Zeit Jesu zu rekonstruieren versucht.[30]

8. Wie man zu Jesu Zeit Pessach gefeiert haben könnte

Der Überlieferung gemäß ist zwischen *Aktivitäten im Tempel* und denen im Haus zu unterscheiden. Ich fasse das Wesentliche zusammen.

(1) Zur Zeit Jesu ist das Pessachfest nach wie vor ein Wallfahrtsfest, bei dem ungezählte Pilger einmal im Jahr nach Jerusalem zum Tempel »hinaufziehen« (vgl. Lk 2,41). Dieses Fest ist mit dem Mazzot-Fest zu einem Fest zusammengewachsen, dauert acht Tage und beginnt jeweils am 14. Nisan.

(2) Im Tempel werden am 14. Nisan nach den Vorschriften der Tora (Ex 12) die Lämmer geschlachtet, ihr Fleisch wird am Abend bei einem familiären Mahl verzehrt. Dem jüdischen Historiker Philo von Alexandrien (ca. 13. v. bis 45 n. Chr.), einem Zeitgenossen Jesu, zufolge wurden an Pessach die Lämmer nicht wie sonst üblich von den Priestern, sondern von den Pilgern selbst geschlachtet, die einzige rituelle Handlung im Tempel, die von Laien durchgeführt werden konnte.

Was die *Hausliturgie* angeht, so ist Folgendes vorstellbar: Wer sich am 14. Nisan nach Sonnenuntergang zu dem vorgeschriebenen häuslich-familiären Nachtmahl niedergelassen hat, dürfte auf dem Tisch vorgefunden haben:

(1) Einen Becher mit rotem Wein am Sitz jedes Teilnehmers. Der Seder beginnt mit einer *1. Becher-Runde*, eingeleitet mit einem *Segensspruch (»Beraka«)* des Hausvaters über dem ersten Becher, weshalb dieser Vorgang auch *Kiddusch-Becher* (»Kiddusch« = Heiligung) genannt wird. Zur Vorspeise isst man u. a. Grünkräuter, Bitterkräuter und eine Fruchtmustunke. Dabei dürfte es sich um die von Heine sogenannte »braune Mischung von Rosinen, Zimmet und Nüssen« gehandelt haben.

(2) Dann dürfte die Verlesung der *Pessach-Haggada* durch den Hausvater erfolgt sein, das heißt die Erklärung und Deutung der Besonderheit des Pessachmahles: Warum wird das Lamm am Spieß gebraten? Warum gibt es bittere Kräuter als Vorspeise? Warum wird ungesäuertes Brot gegessen? Die Deuteworte sind fester Bestandteil des Rituals und nehmen Anweisungen des Buches Exodus auf:

»Und wenn euch eure Söhne fragen: Was bedeutet diese Feier?, dann sagt: Es ist das Pascha-Opfer zur Ehre des Herrn, der in Ägypten an den Häusern des Israeliten vorüberging, als der die Ägypter mit Unheil schlug, unsere Häuser aber verschonte.« (Ex 12,26f.)

»An diesem Tag erzähl deinem Sohn: Das geschieht für das, was der Herr an mir getan hat, als ich aus Ägypten auszog. Es sei dir ein Zeichen an der Hand und ein Erinnerungsmal an der Stirn, damit das Gesetz des Herrn in deinem Mund sei. Denn mit starker Hand hat dich der Herr aus Ägypten herausgeführt. Halte dich an die Regel, Jahr für Jahr, zur festgesetzten Zeit!« (Ex 13,8–10)

An diese Deuteworte könnte sich die Rezitation der Psalmen 113 und 114 angeschlossen haben, ein *erstes »Passahallel«*: das Erklingen von »Lobpsalmen«. *Psalm 113* lobt Gottes Herrlichkeit und Erbarmen mit den Worten:

> »[1] Halleluja! Lobet, ihr Knechte des Herrn,
> lobt den Namen des Herrn!
> [2] Der Name des Herrn sei gepriesen
> von nun an bis in Ewigkeit.
> [3] Vom Aufgang der Sonne bis zum Untergang
> sei der Name des Herrn gelobt.
> [4] Der Herr ist erhaben über alle Völker,
> seine Herrlichkeit überragt die Himmel.
> [5] Wer gleicht dem Herrn, unserm Gott,
> im Himmel und auf Erden,
> [6] ihm, der in der Höhe thront,
> der hinabschaut in die Tiefe,
> [7] der den Schwachen aus dem Staub emporhebt
> und den Armen erhöht, der im Schmutz liegt?
> [8] Er gibt ihm einen Sitz bei den Edlen,
> bei den Edlen seines Volkes.
> [9] Die Frau, die kinderlos war, lässt er im Hause wohnen;
> sie wird Mutter und freut sich an ihren Kindern.
> Halleluja!«

Psalm 114 spielt direkt auf Israels Auszug aus Ägypten an:

> »[1] Als Israel aus Ägypten auszog,
> Jakobs Haus aus dem Volk mit fremder Sprache,
> [2] da wurde Juda Gottes Heiligtum,
> Israel das Gebiet seiner Herrschaft.
> [3] Das Meer sah es und floh,

der Jordan wich zurück.
⁴ Die Berge hüpften wie Widder,
die Hügel wie junge Lämmer.
⁵ Was ist mit dir, Meer, dass du fliehst,
und mit dir, Jordan, dass du zurückweichst?
⁶ Ihr Berge, was hüpft ihr wie Widder,
und ihr Hügel, wie junge Lämmer?
⁷ Vor dem Herrn erbebe, du Erde,
vor dem Antlitz des Gottes Jakobs,
⁸ der den Fels zur Wasserflut wandelt
und Kieselgestein zu quellendem Wasser.«

Gerade dieser Psalm lässt deutlich werden, dass am Pessachfest der Exodus aus Ägypten umfassend verstanden und gefeiert wird. Gottes Heilstat betrifft sowohl den Auszug aus Ägypten (114,1), den Durchzug durch das Schilfmeer (114,3), die Überschreitung des Jordan (114,5) und damit den Einzug ins »verheißene Land«. Im Buche Josua erfahren wir denn auch, dass die Israeliten im Anschluss an dieses umfassende Auszugs-Einzugs-Geschehen das Passafest gefeiert hätten (Jos 5,12). Und erst nachdem man sich selbst hat versorgen können, sei das »Manna«, die von Gott gesandte himmlische Speise zum Überleben auf dem langen Marsch durch die Wüste, ausgeblieben (Jos 5,12). Was umgekehrt heißt: Die mit Psalm 114 während des Seder gepriesenen Heilstaten Gottes markieren zugleich – so Michael Haarmann – »die Zeitspanne der Versorgung der Israeliten mit Manna. Auf diese Weise ist das Manna in diesem Psalm – und somit in der Liturgie des Passa – präsent.«[32] Im Anschluss an dieses erste Passahallel dürfte sich eine *2. Becherrunde* angeschlossen haben: der *Haggadabecher*.

(3) Dann das *Hauptmahl*. Es wird eingeleitet durch ein Tischgebet des Hausvaters über dem ungesäuerten Brot, dem

Brechen und Verteilen des Brotes. Das Hauptgericht besteht aus Lammfleisch, Mazzen, Bitterkräutern (entsprechend Ex 12,8), dazu Fruchtmus und Rotwein. Dann das Tischgebet über der *3. Becherrunde*: dem *Segensbecher*.

(4) Den Abschluss dürfte ein *zweites Passahallel* unter Rezitation der Psalmen 115 bis 118 gebildet haben. Bei dieser Gelegenheit wird der *4. Becher* gereicht worden sein: der *Hallelbecher* mit einem Spruch des Lobes. *Psalm 115* ist ein Vertrauenslied auf den einen und wahren Gott, unter dessen Segen sich Israel gestellt sieht. In ihm heißt es:

12 »Der Herr denkt an uns, er wird uns segnen,
er wird das Haus Israel segnen,
er wird das Haus Aaron segnen.
13 Der Herr wird alle segnen, die ihn fürchten,
segnen Kleine und Große.
14 Es mehre euch der Herr,
euch und eure Kinder.
15 Seid gesegnet vom Herrn,
der Himmel und Erde gemacht hat.
16 Der Himmel ist der Himmel des Herrn,
die Erde aber gab er den Menschen.
17 Tote können den Herrn nicht mehr loben,
keiner, der ins Schweigen hinabfuhr.
18 Wir aber preisen den Herrn
von nun an bis in Ewigkeit.
Halleluja!«

Psalm 116 ist das Danklied eines aus Not und Todesangst Geretteten, der den »Becher des Heils« erhebt und voll Dankbarkeit »den Namen des Herrn« anruft. Mit der Exodus-Erfahrung »im

Rücken« dürfte dieser Psalm eine besondere existentielle Tiefe für die Beter beim Seder gehabt haben:

12 »Wie kann ich dem Herrn all das vergelten,
was er mir Gutes getan hat?
13 Ich will den Kelch des Heils erheben
und anrufen den Namen des Herrn.
14 Ich will dem Herrn meine Gelübde erfüllen
offen vor seinem ganzen Volk.
15 Kostbar ist in den Augen des Herrn
das Sterben seiner Frommen.
16 Ach Herr, ich bin doch dein Knecht,
dein Knecht bin ich, der Sohn deiner Magd.
Du hast meine Fesseln gelöst.
17 Ich will dir ein Opfer des Dankes bringen
und anrufen den Namen des Herrn.
18 Ich will dem Herrn meine Gelübde erfüllen
offen vor seinem ganzen Volk,
19 in den Vorhöfen am Haus des Herrn,
in deiner Mitte, Jerusalem.
Halleluja!«

Psalm 117, einer der kürzesten Texte im Buch der Psalmen überhaupt, hat den Wortlaut:

»Lobet den Herrn, alle Völker,
preist ihn, alle Nationen!
Denn mächtig waltet über uns seine Huld,
die Treue des Herrn währt in Ewigkeit.
Halleluja!«

Psalm 118 beschwört zunächst eine Zeit der Bedrängnis, schwenkt dann ab Vers 14 auf eine Vertrauensaussage Gott gegenüber ein und endet mit einer Hoffnung auf jemanden, der »im Namen des Herrn« kommen und eine »Hilfe« sein wird:

14   »Meine Stärke und mein Lied ist der Herr;
er ist für mich zum Retter geworden.
15   Frohlocken und Jubel erschallt in den Zelten
der Gerechten:
›Die Rechte des Herrn wirkt mit Macht!
16   Die Rechte des Herrn ist erhoben,
die Rechte des Herrn wirkt mit Macht!‹
17   Ich werde nicht sterben, sondern leben,
um die Taten des Herrn zu verkünden.
18   Der Herr hat mich hart gezüchtigt,
doch er hat mich nicht dem Tod übergeben.
19   Öffnet mir die Tore zur Gerechtigkeit,
damit ich eintrete, um dem Herrn zu danken.
20   Das ist das Tor zum Herrn,
nur Gerechte treten hier ein.
21   Ich danke dir, dass du mich erhört hast;
du bist für mich zum Retter geworden.
22   Der Stein, den die Bauleute verwarfen,
er ist zum Eckstein geworden.
23   Das hat der Herr vollbracht,
vor unseren Augen geschah dieses Wunder.
24   Dies ist der Tag, den der Herr gemacht hat;
wir wollen jubeln und uns an ihm freuen.
25   Ach, Herr, bring doch Hilfe!
Ach, Herr, gib doch Gelingen!
26   Gesegnet sei er, der kommt im Namen des Herrn.
Wir segnen euch vom Haus des Herrn her.

27   Gott, der Herr, erleuchte uns.
Mit Zweigen in den Händen
schließt euch zusammen zum Reigen
bis zu den Hörnern des Altars!
28   Du bist mein Gott, dir will ich danken;
mein Gott, dich will ich rühmen.
29   Danket dem Herrn, denn er ist gütig,
denn seine Huld währt ewig.«

9. Die Erwartung eines Mahls am Tisch des Messias

Kennern des Neuen Testamentes wird der Vers 26 bekannt vorkommen. Er findet sich bei den Synoptikern (gemeint sind Evangelien des Markus, Matthäus und Lukas) in der Szene, als Jesus einem Messias gleich, aber zeichenhaft in Niedrigkeitsgestalt, auf einem Esel in Jerusalem einzieht und die Menge ihn als Messias mit eben dem Vers 26 aus dem 118. Psalm bejubelt: »Hosanna. Gesegnet sei er, der kommt im Namen des Herrn!« (Mk 11,9; Mt 21,9; Lk 19,38) Psalm 118 ist also zur Zeit Jesu messianisch verstanden worden. Wer ihn in Jerusalem damals während des Seders betet oder singt, erbittet zugleich das *Kommen des Messias*. Die Hoffnung auf sein Kommen ist somit eng mit der Passanacht verbunden und liegt in der Theo-logik des Exodus-Geschehens. Denn so wie Gott einst sein Volk aus Ägypten befreit hat, so wird er zur Zeit des Passa seinen Messias senden und seinem Volk rettend beistehen. So wie der Gott Israels damals seinem Volk im Exodus zu Hilfe gekommen ist, so wird sein rettendes Handeln auch in der Zukunft erwartet. Die »*Passanacht wird auf diese Weise zu einem Kristallisationspunkt der messianischen Hoffnungen im Judentum.*«[32] Dass dies auch politisch brisante Folgen zur Zeit der römischen Fremdherrschaft haben musste, erfahren wir durch das Neue Testament und zwar durch eine Szene, die sich bei Lukas findet (17, 20f.). Darüber später mehr in Kap. III/2: Aufstände beim Fest der Befreiung.

Zugleich ist die Hoffnung auf das Kommen des Messias bzw. des messianischen Menschensohnes zur Zeit Jesu verbunden mit der *Erwartung eines großen Mahls* in dem mit ihm anbrechenden Reich Gottes. Wir werden im Zusammenhang der neutestamentlichen Abendmahlsberichte darauf zurückkommen (Kap V/6: Tischgemeinschaft im Reich Gottes). MICHAEL HAARMANN hat des Weiteren darauf hingewiesen, dass diese Hoffnung auf ein *Mahl am Tisch des Messias* bzw. des messianischen Menschensohns in der Endzeit auch über das Neue Testament hinaus bekannt und belegt ist: im sogenannten äthiopischen Henoch-Buch aus der Zeit der Abfassung der Evangelien: erstes Jahrhundert n. Chr. und in der syrischen Baruchapokalypse aus dem ersten Drittel des zweiten Jahrhunderts n. Chr. Während im äthiopischen Henoch-Buch ein Festessen der Gerechten und Auserwählten mit dem Messias nur knapp beschrieben ist (»Und sie werden mit jenem Menschensohn essen, sich niederlegen und erheben bis in alle Ewigkeit«: äth. Hen 62,14), wird das endzeitliche Mahl in der syrischen Baruchapokalypse ausführlicher beschrieben:

»Alsdann wird der Messias anfangen, sich zu offenbaren. Und offenbaren wird sich der Behemoth aus seinem Land, und der Leviathan wird emporsteigen aus dem Meere; (und) die beiden gewaltigen Seeungeheuer, die ich am fünften Tage des Schöpfungswerks geschaffen und bis auf jene Zeit aufbehalten habe, werden alsdann zur Speise für alle die sein, welche übrig sind. Auch wird die Erde ihre Frucht zehntausendfältig geben; und an einem Weinstock werden tausend Ranken sein, und eine Ranke wird tausend Trauben tragen, und eine Traube wird tausend Beeren tragen und eine Beere wird ein Kor Wein bringen. Und die, die gehungert haben, sollen reichlich genießen; weiter aber sollen sie auch an jedem Tage Wunder schauen. [...] Zu jener Zeit werden wieder Mannavorräte von oben herabfallen; und sie werden davon in jenen Jahren essen, weil sie das Ende der Zeiten erlebt haben.« (syrBar 29,3–6.8)[33]

Für uns schließt sich damit ganz organisch die Frage an: Hat Jesus Pessach gefeiert?

III. HAT JESUS PESSACH GEFEIERT?

Wir bleiben weiterhin streng auf den geschichtlichen Befund konzentriert und suchen Antwort auf die Frage: Hat Jesus vom Pessachfest gewusst und sich der Praxis rund um das Pessachfest unterzogen? Was können wir darüber wissen? Was sagen die Quellen? Unsere Quellen sind das Neue Testament und hier insbesondere die vier Evangelien. Ich greife einige Schlüsselszenen heraus, ohne auf die unter Exegeten vieldiskutierten und umstrittenen überlieferungsgeschichtlichen Fragen nach der inneren Abhängigkeit der Texte voneinander einzugehen.[34]

1. Anweisung zum Pessachmahl

Schon das älteste Evangelium, das des *Markus*, spiegelt ein Milieu um Jesus wieder, in dem ganz selbstverständlich das Pessachfest, auch »Fest der Ungesäuerten Brote« genannt, Erwähnung findet.

Drohende Unruhe in Jerusalem
Nicht zufällig leitet Markus seine Erzählung von Jesu Passion damit ein:

> »Es war zwei Tage vor dem Pascha und dem Fest der Ungesäuerten Brote. Die Hohenpriester und die Schriftgelehrten suchten nach einer Möglichkeit, Jesus mit List in ihre Gewalt zu bringen, um ihn zu töten.« (Mk 14,1)

Überdies weiß Markus, dass dieses Fest ein Pilgerfest ist und zur Folge hat, dass Massen von Menschen nach Jerusalem strömen. Die *Sicherheitslage* in diesen Tagen ist *prekär*. Deshalb lässt Markus die Hohenpriester und Schriftgelehrten von einer Verhaftung Jesu zunächst absehen: »Ja nicht am Fest, damit es im Volk keinen Aufruhr gibt.« (Mk 14,2) In der Sache dasselbe berichten auch Matthäus und Lukas:

> »Um die gleiche Zeit versammelten sich die Hohenpriester und die Ältesten des Volkes im Palast des Hohenpriesters, der Kajaphas hieß, und beschlossen, Jesus mit List in ihre Gewalt zu bringen. Und ihn zu töten. Sie sagten aber: Ja nicht am Fest, damit kein Aufruhr im Volk entsteht.« (Mt 26,3.5)

> »Das Fest der Ungesäuerten Brote, das Pascha genannt wird, war nahe. Und die Hohenpriester und die Schriftgelehrten suchten nach einer Möglichkeit, Jesus (unauffällig) zu beseitigen; denn sie fürchteten sich vor dem Volk.« (Lk 22,1f.)

Jesu Wunsch und Anweisungen

Ebenso übereinstimmend berichten alle drei Evangelisten vom ausgesprochenen *Wunsch Jesu*, das Pessachmahl einzunehmen.

> »Dann kam der Tag der Ungesäuerten Brote, an dem das Paschalamm geschlachtet werden musste. Jesus schickte Petrus und Johannes in die Stadt und sagte: Geht und bereitet das Paschamahl für uns vor, damit wir es gemeinsam essen können.« (Lk 22,7f.)

> »Am ersten Tag des Festes der Ungesäuerten Brote, an dem man das Paschalamm schlachtete, sagten die Jünger zu Je-

sus: Wo sollen wir das Paschamahl für dich vorbereiten?«
(Mk 14,12)

»Am ersten Tag des Festes der Ungesäuerten Brote gingen
die Jünger zu Jesus und fragten: Wo sollen wir das Paschamahl für dich vorbereiten?« (Mt 26,17)

Mehr noch: Alle drei erzählen davon, dass Jesus direkte *Anweisungen zur Vorbereitung des Pessachmahls gibt*, zum Vollzug des
Seder also. Nach Markus und Matthäus gibt Jesus erst auf
Nachfragen der Jünger diese Anweisungen, nach Lukas geht die
Initiative direkt von ihm aus. Die Instruktionen des lukanischen Jesus sind denn auch sehr genau, was bei Markus wörtlich gleich (Mk 14,13–16), bei Matthäus etwas knapper und va-
ger berichtet wird (»Geht in die Stadt zu dem und dem und sagt
zu ihm: Der Meister lässt dir sagen: Meine Zeit ist da; bei dir
will ich mit meinen Jüngern das Paschamahl feiern«: Mt 26,18).
Bei Lukas dagegen heißt es sehr präzise:

»Sie fragten ihn: Wo sollen wir es vorbereiten? Er antwortete
ihnen: Wenn ihr in die Stadt kommt, wird euch ein Mann
begegnen, der einen Wasserkrug trägt. Folgt ihm in das
Haus, in das er hineingeht und sagt zu dem Herrn des Hauses: Der Meister lässt dich fragen: Wo ist der Raum, in dem
ich mit meinen Jüngern das Paschalamm essen kann. Und
der Hausherr wird euch einen großen Raum im Obergeschoss zeigen, der mit Polstern ausgestattet ist. Dort bereitet
alles vor! Sie gingen und fanden alles so, wie er es ihnen
gesagt hatte, und bereiteten das Paschmahl vor.« (Lk 22,8–
13)

So unterschiedlich die Texte in Details sind, das Eine lassen sie deutlich werden: Ob präzise von einem »Hausherren« die Rede ist, den Jesus offenbar kennt, oder vage von »dem und dem«, die genannten Evangelisten berichten von den Instruktionen Jesu so, dass sich ihren Lesern der Eindruck förmlich aufdrängen muss: Jesus hat nicht zum ersten Mal nach einem Quartier in Jerusalem für ein Paschamahl gesucht. Er hatte offenbar Vorerfahrungen. Woher?

Die einzig mögliche Antwort lautet: Weil Jesus als Jude die Paschmahl-Tradition seines Volkes ganz selbstverständlich vertraut ist und ausgeübt hat. Dasselbe dürfte für die Adressaten der Evangelisten zutreffen, darunter nicht wenige heidenchristlicher Herkunft. Ihnen werden ja in allen drei Evangelien die Pessachüberlieferungen nicht lange erklärt. Sie wissen ganz offensichtlich, was die Stunde geschlagen hat, als für Jesus »die Stunde gekommen« ist (Lk 22,14). Ja, gerade die präzisen Angaben bei Lukas (im Vergleich zu Matthäus) sind ein Indiz dafür, wie wichtig für Lukas die Tatsache gewesen sein muss, dass Jesus mit seinen Jüngern zu einem Paschamahl zusammen kam. »Offenkundig rechnet er bei seinen Lesern mit einem ausreichenden Vorwissen über die biblisch-jüdische Pascha-Theologie, unbeschadet der Annahme, dass ein Großteil von ihnen heidenchristlicher Herkunft war.«[35]

Man liegt zu Tisch

Die beauftragten Jünger finden denn auch in Jerusalem alles genau so, wie Jesus es angegeben hat: den Hausherren und im Haus dieses Herren einen »großen Raum im Obergeschoss«, der »mit Polstern ausgestattet ist (Lk 22,11f.). Exakt das brauchen sie wie Tausende Pilger auch, die zum Fest nach Jerusalem gekommen sind und ein Quartier finden müssen, wo sie den Seder abhalten können. Das ist weiter nichts Besonderes, auch nicht, dass man bei einem solch festlichen Mahl zu Tische *liegt*, was eine zu römischer Zeit geläufige Sitte ist. Für uns Kirchenchristen, die wir »Abendmahl« knieend in unbequemen Kirchenbänken zu erleben pflegen, ein ebenso verführerischer wie gewöhnungsbedürftiger Gedanke.

Beim »letzten Abendmahl« liegen Jesus und seine Jünger auf Divanen mit Polstern sehr bequem zu Tisch. »Das Paschamahl sollte ein echtes Festmahl sein«, erklärt der katholische Münchner Neutestamentler JOACHIM GNILKA diese Praxis: »Äußeres Zeichen hierfür war, dass man sich zu Tisch auf Matten niederlegte, das Haupt in eine Hand gestützt, und dass man sich Zeit nahm, im Gegensatz zum ersten Pascha in Ägypten, das in Hast, gegürtet und beschuht, gegessen worden war (Ex 12,11). Über die Paschafeier lagen frohe und zuversichtliche Erinnerungen, in Zeiten der Unterdrückung gewiss auch die Hoffnung auf Befreiung.«[36]

2. Jesu Passafrömmigkeit

Jesus kennt diese Praxis offensichtlich von Kindheit an. Und es ist wiederum *Lukas*, der auf diese Information großen Wert legt.

Denn Lukas zufolge ist Jesus schon als Kind mit seinen Eltern »zum Paschafest nach Jerusalem« (Lk 2,41) gepilgert. Diese waren ihrerseits »jedes Jahr« gegangen wie Tausende jüdischer Pilger auch, und bisher war nichts Besonderes bei diesen Reisen vorgefallen. Bis zu dem Jahr, als der Zwölfjährige mitkommt und zum Schrecken seiner Eltern auf der Rückreise von Jerusalem nicht aufzutreiben ist. Er war im Tempel verblieben und hatte die anwesenden Lehrer derart in Gespräche verwickelt, dass diese nur staunen können »über sein Verständnis und über seine Antworten« (Lk 2,47). Pessach als Rahmen einer ersten Selbstdemonstration Jesu als eigener Interpret der Tora. Ein Vorgang, den Lukas auffälligerweise am Ende von Jesu öffentlichem Wirken noch einmal aufgreift, als Jesus sich wieder im Tempel aufhält, sich jetzt aber Fragen seiner Gegner erwehren muss (Lk 20,1–8.20–40).

Kompositionell ist damit ein Deutungsrahmen für die Vita Jesu gesetzt. Wie bewusst er vom Erzähler Lukas gestaltet ist, zeigt die Tatsache, dass er den letzten Tempelauftritt Jesu *vor* das Paschafest gelegt hat, während er den ersten *nach* dem Paschafest stattfinden lässt, »nachdem die Festtage zu Ende waren« (Lk 2,43). Mehr noch: Mit der Wallfahrt »zum Paschafest nach Jerusalem« unterstreichen schon Jesu Eltern in hohem Maße ihre Tora-Frömmigkeit, reisen sie doch »jedes Jahr« zum Pessachfest und verbringen als fromme Juden offensichtlich die gesamten sieben Festtage am Heiligtum. Wir können das aus Lk 2,43a schließen. Denn erst »nachdem die Festtage zu Ende« sind, machen sich Jesu Eltern auf den Heimweg. Vorbildlich dürfte auch gewesen sein, dass sie ihren erst zwölfjährigen Sohn mit nach Jerusalem nehmen, um ihn so an seine vom 13. Lebensjahr an bestehende Gesetzespflicht (= Bar Mizwa) zu gewöhnen.

Der Tübinger Neutestamentler MICHAEL THEOBALD hat in einem erhellenden Beitrag zur Theologie des lukanischen Abendmahlsberichts auch die Szene in Lk 2 analysiert und daraus den doppelten Schluss gezogen:

Erstens: »Der Akzent liegt auf *Jesu* Pascha-Frömmigkeit: Von seinen Eltern in die Tora eingeführt, wallfahrte er nach Meinung des Evangelisten fortan gewiss regelmäßig zum Paschafest nach Jerusalem. ›Wenn er später mit seinen Jüngern in den Tempel kommt, dann ist ihm dieser Ort nicht fremd; er kennt ihn von Jugend auf‹ (W. Radl).«

Zweitens: »Erkennt man den Bogen, den Lukas von 2,41–43 hin zu 22,14ff. spannt, dann gibt es keinen vernünftigen Grund, an der Annahme zu zweifeln, dass die Pascha-Thematik in 22,15f. für ihn [Lukas] höchstes Gewicht besitzt. ›Dieses Pascha‹, nach dem Jesus so sehnlichst verlangte, stellt den gottgewollten Zielpunkt seiner Tora-Frömmigkeit dar, die ihn ein Leben lang geprägt hat.«[37]

3. Aufstände zum Fest der Befreiung

Ein weiterer Text bei Lukas spiegelt die Tatsache wider, dass Aufstände gegen die damalige römische Besatzungsmacht nicht zufällig am Pessachfest ausbrechen, ist doch gerade dieses Fest, wie wir hörten, Kristallisationspunkt messianischer Erwartungen im Volk, die nicht nur religiöse, sondern auch eminent politische Folgen haben. Lukas zufolge sind einige Leute zu Jesus gekommen und berichten ihm, dass der römische Statthalter Pilatus Menschen aus Galiläa »beim Opfern« habe umbringen lassen, so dass sich »ihr Blut mit dem ihrer Opfertiere vermischt« habe (Lk 13,1). Ganz offensichtlich eine Anspielung auf das Schlachtungsritual im Jerusalemer Tempel zu Pessach, das, wie wir hörten, bei diesem Fest auch von Laien vollzogen werden durfte. Folglich handelt es sich bei diesem Vorfall um einen politisch motivierten Mord an galiläischen Festpilgern wie Jesus einer ist. In der Tat dürfte es kein Zufall sein, dass solche Aufstände gegen die militärgestützte Besatzermacht am Fest der Befreiung stattfinden, wie auch die spätere Kreuzigung Jesu von derselben Brutalität der Besatzer zeugt, mit der man zur Zeit des Pessachfestes gegen vermeintliche Unruhestifter vorgegangen ist.

4. Säuberung des Tempels – ein Exodus-Zeichen

Wie sehr Jesus mit der Pessachtradition seines Volkes vertraut ist, zeigt nicht zuletzt der *Evangelist Johannes*. Gerade er erwähnt auffallend häufig Zeichenhandlungen Jesu im Zusammenhang mit Pessach.

Es ist während eines Pessachfestes, dass Jesus demonstrativ den Tempel zu Jerusalem vom hier mittlerweile etablierten kommerziellen Betrieb säubert (Joh 2,13–22). Durch diese Zeichenhandlung, »während er zum Paschafest in Jerusalem« ist (Joh 2,23–25), seien viele »zum Glauben an seinen Namen« gekommen, fügt Johannes noch hinzu. Diese Anspielung soll ganz offensichtlich verdeutlichen: Mit Jesu Auftritt ist wieder Exodus-Zeit, eine Zeit der Befreiung, des Auszugs, der Reinigung und Selbstbesinnung, dass Israel *Gottes* Volk ist.

5. Jesus als »Brot vom Himmel«

Das »Pascha, das Fest der Juden, ist nahe«, als Jesus am See von Tiberias in Galiläa eine gewaltige Menge von 5000 Menschen mit nur fünf Gerstenbroten und zwei Fischen satt macht, derart, dass die Reste sogar noch in zwölf Körbe passen (Joh 6,1–15). Das Signal ist klar: Statt dass die Menschen nach Jerusalem hinauf zum Fest wallfahren, kommen sie zu ihm »auf den Berg« (Joh 6,3), auf den er zeichenhaft zusammen mit seinen Jüngern gestiegen ist. Sie sollen dabei begreifen: Nicht auf die Sattheit des Leibes kommt es an, sondern auf die des Geistes, sprich: des Glaubens und zwar an ihn, den Christus, als den von Gott Gesandten. Ja, in Auseinandersetzung mit seinen jüdischen Zeitgenossen bietet sich der johanneische Jesus selbst als »Brot des Lebens« an. Auf die Frage »der Leute« (Joh 6,24), was sie tun müssten, um die »Werke des Gottes« zu vollbringen, lässt der Evangelist Jesus antworten:

> »[29] Das ist das Werk Gottes, dass ihr an den glaubt, den er gesandt hat. [30] Sie entgegneten ihm: Welches Zeichen tust du, damit wir es sehen und dir glauben? Was tust du? [31] Unsere Väter haben das Manna in der Wüste gegessen, wie es in der Schrift heißt: *Brot vom Himmel gab er ihnen zu essen.* [32] Jesus sagte zu ihnen: Amen, amen, ich sage euch: Nicht Mose hat euch das Brot vom Himmel gegeben, sondern mein Vater gibt euch das wahre Brot vom Himmel. [33] Denn das Brot, das Gott gibt, kommt vom Himmel herab und gibt der Welt das Leben. [34] Da baten sie ihn: Herr, gib uns immer dieses Brot! [35] Jesus antwortete ihnen: Ich bin das Brot des Lebens; wer zu mir kommt, wird nie mehr hungern, und wer an mich glaubt, wird nie mehr Durst haben.« (Joh 6,29–35)

Diese Szene erklärt denn auch, warum das Evangelium des Johannes keinen eigenen »Abendmahls«–Bericht mit eigenen »Einsetzungsworten« kennt. Warum auch? Dass Jesus »das Brot des Lebens« ist, hat er bereits in dieser seiner »Pessachszene« veranschaulicht. Kurze Zeit später bekräftigt der johanneische Jesus diese Brotdeutung noch einmal – ausgerechnet in der Synagoge seiner Heimatstadt, der »von Kafarnaum« (Joh 6,59):

> »[48] Ich bin das Brot des Lebens. [49] Eure Väter haben in der Wüste das Manna gegessen und sind gestorben. [50] So aber ist es mit dem Brot, das vom Himmel herabkommt: Wenn jemand davon isst, wird er nicht sterben. [51] Ich bin das lebendige Brot, das vom Himmel herabgekommen ist. Wer von diesem Brot isst, wird in Ewigkeit leben. Das Brot, das

ich geben werde, ist mein Fleisch, (ich gebe es hin) für das
Leben der Welt.« (Joh 6,48–51)

Kein Wunder, dass jüdische Zeitgenossen Jesu ihren Unmut äu-
ßern, was Johannes nicht verschweigen kann: »Da murrten die
Juden gegen ihn, weil er gesagt hatte: Ich bin das Brot, das vom
Himmel herabgekommen ist. Und sie sagten: Ist das nicht Jesus, der Sohn Josefs, dessen Vater und Mutter wir kennen?«
(Joh 6,41f.). Mehr noch: Auch Teil seiner Jüngerschaft, wie es
ausdrücklich heißt, finden Jesu Rede an dieser Stelle »unerträg-
lich«: »Wer kann das anhören? Jesus erkannte, dass seine Jünger
darüber murrten, und fragte sie: Daran nehmt ihr Anstoß?«
(Joh 6,60f.) Wir werden auf diese Szene im Lichte des Koran
zurückzukommen haben (Kap. VI/5: Parallele zum Speisungswunder der 5000 / Eine kritische Relativierung der Zentralität
Jesu).

6. Ein Festmahl im Reich Gottes

Doch wichtig ist an dieser Stelle die *Vorwegnahme der Zukunft*.
Der johanneische Jesus lässt hier ja keinen Zweifel, dass mit ihm
als dem vom Himmel herabgekommenen »Brot des Lebens«
(Joh 6,35.51) die endzeitliche (»eschatologische«) Speisung der
Hungernden begonnen hat. Angekündigt wird hier eine messianische Zeit, in der niemand mehr Hunger und Durst haben
wird. Deshalb muss ein Text wie Joh 6,31–35, der von der Hoffnung auf Speisung durch den Messias in der anbrechenden
Heilszeit des Reiches Gottes zeugt, *erstens* zusammengesehen
werden mit der messianischen Hoffnung auf Tischgemeinschaft im Reich Gottes, deren Zeugen die Jünger Jesu beim Passamahl sind. Davon berichten die Synoptiker, wie wir sehen

werden (Kap. V/6: Tischgemeinschaft im Reich Gottes). Und muss *zweitens* zusammengesehen werden mit dem Bericht von einer Speise vom Himmel, dem Manna, während des Durchzugs durch die Wüste (Ex 16,4).

Denn in Joh 6 wird ja nicht die Tatsache einer göttlichen Gabe als »Brot vom Himmel« in Frage gestellt. Vielmehr stellt sich Jesus hier in Übertrumpfung der Wüstenerfahrung der Väter als das »wahre Brot vom Himmel« dar, als die Speise, die eben nicht wie einst von Mose, sondern jetzt von Gott kommt und das unsterbliche Leben gibt. Aber die Struktur bleibt intakt: »In der *Brotrede* Jesu nimmt Johannes eine zu seiner Zeit verbreitete eschatologische Hoffnung auf: Mit dem Kommen des Messias wird es ein Festmahl im Reich Gottes geben. Es wird eine Speisung durch Gott selbst erfolgen. So wie er einst beim Exodus sein Volk Israel in der Wüste mit Manna gespeist hat, so wird er auch in der kommenden Heilszeit sein Volk erneut mit Manna vom Himmel speisen.«[38]

7. Ein Abschiedsmahl vor dem Passafest

Nicht zuletzt auf Grund seiner »unerträglichen« Reden hat sich die Situation des johanneischen Jesus gegenüber den religiösen Autoritäten seiner Zeit derart zugespitzt, dass er das Pessachfest in Jerusalem bewusst meidet, aus Sicherheitsgründen meiden muss. Der Evangelist setzt dabei voraus, dass Jesus vorher ganz selbstverständlich zum Fest in Jerusalem erschienen ist. Jetzt aber ist es anders:

»[54] Jesus bewegte sich von nun an nicht mehr öffentlich unter den Juden, sondern zog sich von dort in die Gegend nahe der Wüste zurück, an einen Ort namens Efraim. Dort blieb er mit seinen Jüngern. [55] Das Paschafest der Juden war nahe, und viele zogen schon vor dem Paschafest aus dem ganzen Land nach Jerusalem hinauf, um sich zu heiligen. [56] Sie fragten nach Jesus und sagten zueinander, während sie im Tempel zusammenstanden: Was meint ihr? Er wird wohl kaum zum Fest kommen. [57] Die Hohenpriester und die Pharisäer hatten nämlich, um ihn festnehmen zu können, angeordnet: Wenn jemand weiß, wo er sich aufhält, soll er es melden.« (Joh 11,54–57)

Der Evangelist Johannes kennt zwar keinen eigenen »Abendmahls«-Bericht mit eigenen »Einsetzungsworten«, wohl aber kennt er ein Abschiedsmahl Jesu mit seinen Jüngern, und dieses Abschiedsmahl lässt er wie die Synoptiker ausdrücklich »vor dem Paschafest« stattfinden, als Jesus bereits weiß, »dass seine Stunde gekommen« ist (Joh 13,1). Auch dieses Mahl ist somit wie das Passamahl überschattet von Verrat und Tod, denn Judas sitzt mit am Tisch, derjenige Jünger, der Jesus »verraten und ausliefern« wird (Joh 13,2). Jesus nutzt dieses Mahl für eine tief anrührende Symbolhandlung: Er wäscht seinen Jüngern die Füße und lässt keinen Zweifel daran, was er mit dieser Geste ausdrücken will:

> »Begreift ihr, was ich an euch getan habe? Ihr sagt zu mir Meister und Herr, und ihr nennt mich mit Recht so; denn ich bin es. Wenn nun ich, der Herr und Meister, euch die Füße gewaschen habe, dann müsst auch ihr einander die Füße waschen. Ich habe euch ein Beispiel gegeben, damit auch ihr so handelt, wie ich an euch gehandelt habe. Amen, amen, ich sage euch: Der Sklave ist nicht größer als sein Herr, und der Abgesandte ist nicht größer als der, der ihn gesandt hat.« (Joh 13,12–16)

Ja, die ganze Szene erfährt ihre dramatische Steigerung mit den Jesus-Worten:

>»Was ich den Juden gesagt habe, sage ich jetzt auch euch: Wohin ich gehe, dorthin könnt ihr nicht gehen. Ein neues Gebot gebe ich euch: Liebt einander! Wie ich euch geliebt habe, so sollt auch ihr einander lieben. Daran werden alle erkennen, dass ihr meine Jünger seid: wenn ihr einander liebt.« (Joh 13,33–35)

Doch von Harmonie zwischen Jesus und seinen Jüngern kann in dieser entscheidenden Stunde keine Rede sein. Nicht nur sitzt mit Judas ein Verräter am Tisch, den Johannes direkter und gnadenloser als alle anderen Evangelisten als Instrument des Satans hinstellt (»...da fuhr der Satan in ihn«: Joh 13,27), mit Simon Petrus sitzt auch ein Verleugner am Tisch. Er, der in dieser Abschiedsszene vollmundig ankündigt, sein Leben für Jesus hingeben zu wollen, bekommt auf den Kopf zugesagt: »Amen, amen, das sage ich dir: Noch bevor der Hahn kräht, wirst du mich dreimal verleugnen.« (Joh 13,38) Kein Wunder, dass Jesus die Jünger beschwören muss, während man noch beim Mahl zu Tische sitzt: »Euer Herz lasse sich nicht verwirren. Glaubt an Gott, und glaubt an mich!« (Joh 14,1)

Alle diese Texte lassen nur eine *Schlussfolgerung* zu: Zwar sind alle Evangelien erst Jahrzehnte nach Jesu Tod geschrieben worden und als Quelle für den Jesus der Geschichte nur bedingt zu gebrauchen. Warum aber sollten alle vier Evangelisten eine Pessachpraxis Jesu überliefern, wenn sie nicht auf ihn selbst zurückgeht? Hätte er diese Praxis explizit abgelehnt, gemieden oder neu gedeutet, wäre das für einen Juden derart ungewöhnlich gewesen, dass man es hätte überliefern *müssen*. So dürfte es historisch gute Gründe für die Feststellung geben: Jesus hat als

Kind frommer jüdischer Eltern seiner Zeit von Kindheit an die Wallfahrts- und Festpraxis rund um Pessach kennengelernt, sie während seines öffentlichen Wirkens ganz selbstverständlich ausgeübt und so um die inhaltliche Bedeutung dieses großen Pilger-Festes seines Volkes gewusst. Wie auch anders, wenn wir mit dem evangelischen Neutestamentler KLAUS WENGST sagen können: »Wenn wir dem Jesus der Evangelisten begegnen, begegnen wir einem Juden, der nicht isoliert von seinem Volk gelebt hat, sondern mitten in ihm und mit ihm. Wenn wir ihm begegnen, begegnen wir also Jüdischem und nur Jüdischem.«[39]

IV. JESU LETZTES MAHL: KEIN PESSACHMAHL

Wenn dem aber so ist: Hat dann Jesus auch sein Letztes Mahl mit seinen Jüngern als traditionell-jüdischen Seder gefeiert? Diese Frage ist zwischen Christen bis in die Gegenwart hinein hoch umstritten. Das hat zweifellos mit dem Faktum zu tun, dass für Christen mit dem Letzten Abendmahl Jesu immerhin ein Herzstück ihres Glaubens und ihrer Liturgie auf dem Spiel steht. Da möchte man möglichst eindeutig Selbstverständnis und Praxis Jesu geklärt und damit die entscheidende Frage beantwortet haben: War Jesu Letztes Mahl mit seinen Jüngern vor seinem Leiden und Sterben das übliche traditionelle Sedermahl oder etwas ganz Eigenes, etwas ganz Neues?

1. Die Chronologie des Johannes und die Folgen

Zweifel an der historischen Zuverlässigkeit der Zuordnung Abendmahl – Sedermahl werden vor allem auf der Basis des Johannes-Evangeliums erhoben. Dieses kennt zwar auch, wie wir hörten, ein besonderes Mahl Jesu mit seinen Jüngern vor seinem Leiden und Sterben (Joh 13,2–30), dies aber ist ausdrücklich eine Art Liebes- und Abschiedsmahl (mit Fußwaschung!) »vor dem Paschafest« (Joh 13,1), in das lange Abschiedsreden hineinkomponiert worden sind (Joh 13,31–17,26). Einen eigenen Abendmahls-Bericht mit sogenannten »Einsetzungsworten« kennt Johannes nicht. Sein Evangelium bietet denn auch eine entsprechende Chronologie. Johannes erzählt alles so, dass der

Tod Jesu noch *vor dem Anbruch des Pessachfestes* erfolgt ist: Am Tag zuvor das genannte Abschiedsmahl, dann noch in der Nacht die Verhaftung, am nächsten Morgen der Prozess vor Pilatus, dann die Verurteilung. Sie erfolgt »ungefähr um die sechste Stunde« (Joh 19,14) dieses Tages, und der ist bei Johannes ausdrücklich der »Rüsttag« des Pessachfestes, an dem es in Jerusalem die Vorbereitungen zum Fest durchzuführen gilt.

Bei Johannes aber steht Jesus am frühen Morgen dieses Tages als Angeklagter im Jerusalemer Prätorium vor dem römischen Statthalter Pilatus. Seine jüdischen Auslieferer, das vermerkt der Evangelist ausdrücklich, betreten »das Gebäude« nicht, »um nicht unrein zu werden, sondern das Paschalamm essen zu können« (Joh 18,28)! Noch am selben Tag erfolgt die Hinrichtung Jesu am Kreuz. Es ist der 14. Nisan. Er ist damit schon tot, als im Tempel zu Jerusalem die Pessachtiere geschlachtet werden und das Paschamahl beginnen kann. Woraus folgt: Von dieser Chronologie her kann Jesu Abschiedsmahl mit seinen Jüngern kein Sedermahl gewesen sein. Johannes kann ja auch gut auf die Symbolik dieses Tages verzichten, weil er Jesus von Anfang seines Evangeliums an das geopferte Pascha-»Lamm Gottes« sein lässt, »das die Sünde der Welt hinwegnimmt« (Joh 1,29; vgl. 1,36) und sich selbst längst vor seinem Leiden und Sterben, wie wir hörten, als »Speise und Trank« den Glaubenden angeboten hatte (Joh 6,53–59) und zwar gezielt als Alternative zu einer Zeit, als das »Pascha, das Fest der Juden, nahe war« (Joh 6,4).

2. Joseph Ratzinger/Benedikt XVI. positioniert sich

Viele Ausleger heute aber sehen nicht nur die theologischen Interessen des vierten Evangelisten, sondern halten darüber hinaus die johanneische Chronologie für die historisch glaubwürdigere. Als Prominentester unter ihnen Joseph Ratzinger/ Benedikt XVI., der im zweiten Band seines Buches »Jesus von Nazareth« (2011) zu diesen Fragen Stellung nimmt. Dass Verurteilung und Hinrichtung Jesu an Pessach erfolgt sein sollen, hält Ratzinger historisch für nicht sehr wahrscheinlich. Ein solches Fest hätte mit Ereignissen wie dem öffentlichen Prozess gegen Jesus und seiner öffentlichen Hinrichtung nicht belastet werden dürfen, aus kultischen wie aus politischen Gründen. Der Evangelist Johannes habe zurecht auf die kultischen Vorbehalte der jüdischen Autoritäten hingewiesen und der Evangelist Markus auf die politischen. Wir hörten schon davon: Die jüdischen Autoritäten hätten von Gewalt gegen Jesus abgesehen, schreibt Markus, weil sie beim bevorstehenden Pessachfest Unruhen im Volk befürchteten (Mk 14,1f.). So erscheint es Ratzinger einerseits »fragwürdig, dass an diesem für die Juden hohen Fest der Prozess vor Pilatus und die Kreuzigung statthaft und möglich gewesen seien«[40] und umgekehrt, dass die »johanneische Chronologie historisch wahrscheinlicher ist als die synoptische«.[41]

Das klingt nach Interesse an strenger Historie. Doch so streng nimmt es Ratzinger dann doch nicht, sonst hätte er die Frage ernster nehmen müssen, ob die vorhandenen Quellen gesicherte Erkenntnisse über den historischen Jesus überhaupt zulassen oder nicht. Streng historisch haben wir nur die Abendmahlsberichte mit ihren jeweiligen theologischen Profilen und Interessen. Und die stammen bekanntlich nicht direkt von Jesus, sondern sind uns nur durch die unterschiedlichen theologischen »Filter« der Evangelien zugänglich, die 40 bis 50 Jahre nach Jesu Tod entstanden. Nur so erklären sich ja auch die erheblichen Abweichungen in vielen Details der Berichte, wie ein »synoptischer« Vergleich der Paralleltexte unschwer erkennen lässt.

Gerade aber beim vierten Evangelisten sind solche theologischen Interessen mit Händen zu greifen. Dass diese Interessen noch mehr als anderswo die »Historie« überformt haben, hat in jüngster Zeit gerade im Blick auf das »Abendmahl« der Tübinger evangelische Neutestamentler MARTIN HENGEL noch einmal herausgestellt: »Bei ihm [Johannes] ist aus christologischen Gründen kein Raum mehr für eine Passahmahlfeier Jesu im engsten Kreis seiner Jünger, denn dieser selbst erweist sich in seiner Passion am Kreuz als das Opferlamm, er selbst hat sich vorausblickend schon in Galiläa als solches, ›mit seinem Fleisch und Blut‹ den Jüngern, und d. h. allen Glaubenden als eucharistische Speise zugeeignet. Johannes setzt so christologische Typologie [...] in erzählte Geschichte um und muss daher – gegen alle historische Wahrscheinlichkeit – das letzte Mahl um einen Tag vorversetzen, um Jesus als das eine wahre Passalamm *wirklich zur rechten Zeit* am Rüsttage zum Fest sterben zu lassen.«[42] Ausführungen, die Hengel später noch verdeutlicht, wenn er schreibt: »Es ist typisch für den vierten Evangelisten, dass er die christologische Theorie über die historische Wirklichkeit stellt und diese verdrängt. Weil Jesus für Johannes selbst das Passalamm ist, kann er nicht mit seinen Jüngern das jüdische Passamahl gefeiert haben.«[43]

3. Pascha nicht gefeiert und doch gefeiert?

Ratzinger aber erweckt den Eindruck, er wisse, was »das Wesentliche« des Abschiedsmahls Jesu gewesen sei. Wie selbstverständlich erklärt er, das Wesentliche sei »nicht das alte Pascha« gewesen, »sondern das Neue, das Jesus in diesem Zusammenhang« vollzogen habe: »Auch wenn das Zusammensein Jesu mit den Zwölfen kein Pascha-Mahl nach den rituellen Vorschriften des Judentums gewesen war, so wurde in der Rückschau der innere Zusammenhang des Ganzen mit Tod und Auferstehung Jesu sichtbar: Es war Jesu Pascha. Und in diesem Sinn hat er Pascha gefeiert *und* nicht gefeiert: Die alten Riten konnten nicht begangen werden; als ihre Stunde kam, war Jesus schon gestorben. Aber er hatte sich selbst gegeben und so wirklich gerade Pascha mit ihnen gefeiert. Das Alte war so nicht abgetan, sondern erst zu seinem vollen Sinn gebracht.«[44]

Wir wollen genau auf die Formulierungen achten. Behauptet wird:

1. Jesu letztes Mahl war »kein Paschamahl nach den rituellen Vorschriften des Judentums«. Die »alten Riten« konnten schon deshalb nicht begangen werden, weil Jesus bei Beginn des mit dem traditionellen Seder beginnenden Pessachfestes schon nicht mehr lebte. Insofern hat Jesus Pascha »nicht gefeiert«!

2. Und doch hat Jesus »Pascha gefeiert«! Aber nicht nach »den alten Riten« des Judentums, sondern nach eigenem Verständnis. Jesus hat etwas »Neues« vollzogen, sein eigenes Pascha gefeiert, indem er »sich selbst« gibt: sprich, sich selbst opfert.

3. Es besteht zwar kein äußerer Zusammenhang des Abendmahls mit dem jüdischen Pessachfest, wohl aber ein »innerer Zusammenhang« und zwar so, dass »das Alte«, sprich: das Jüdische zwar »nicht abgetan«, sondern »erst zu seinem vollen Sinn gebracht« ist.

4. Dies alles wird von Ratzinger nicht etwa nur als Interpretation des vierten Evangelisten, sondern als historische Tatsache behauptet: »Es war Jesu Pascha«!

4. Die Konsequenz: Entjudaisierung des Abendmahls

Im Klartext übersetzt aber heißt das: Ratzinger benutzt zwar noch rein äußerlich Schlüsselworte aus der jüdischen Tradition wie »Pascha«, innerlich aber hat er sie völlig verchristlicht. Die Erinnerung an den jüdischen Ursprung wird damit nicht mehr gebraucht wie angeblich schon bei Jesus selbst. Die »alten Riten« des Pessachfestes haben bei Jesus keine Rolle gespielt und müssen künftig auch bei Christen keine Rolle spielen sowohl aus biographischen wie theologischen Gründen. »Biographisch«, weil Jesus mit Beginn des damaligen Pessachfestes schon nicht mehr gelebt, »theologisch«, weil Jesus durch sein Opfer am Kreuz die »alten Riten« erst zu ihrem »vollen Sinn« gebracht hat, eine verharmlosende Umschreibung für zu Ende gedeutet, für überholt, für obsolet. Zu »vollem« Sinn kann man ja nur etwas bringen, was in seinem Sinn bisher nur vorläufig, unvollkommen, fragmentarisch existierte. Ist es zu »vollem Sinn« gebracht, kann »das Alte« (= Jüdische) durch »das Neue« (= Christliche) faktisch ersetzt werden. Was laut Ratzinger schon der historische Jesus getan hat, indem er sein eigenes »Pascha« stiftete und damit das alte Pascha der Juden ersetzte. Dass es historisch so gewesen ist, wird von Ratzinger allein aus der Chronologie des vierten Evangelisten abgeleitet. Er hält sie für »historisch wahrscheinlicher« als deren Alternative bei den Synoptikern.

Die Konsequenz einer solchen Auslegung ist fatal und ist in der Geschichte der Kirche Jahrhundert für Jahrhundert gezogen worden: Wenn Christen »Abendmahl« oder »Eucharistie« feiern, ist eine Erinnerung an das jüdische Pessachfest im Grunde überflüssig. Das wirft grundsätzliche Fragen zum Verhältnis Judentum – Christentum auf. WALTER HOMOLKA, Rektor des reformjüdischen Abraham-Geiger-Kollegs an der Universität Potsdam, hat darauf zurecht aufmerksam gemacht, wenn er anlässlich von Ratzingers Deutung des Abendmahls schreibt: »Benedikt XVI. stellt uns vor eine Wahl. Und die Entscheidung bleibt uns nicht erspart. Ist das heutige Judentum eine mit Pietät zu behandelnde Vorform des Christentums, die sich eigentlich überlebt hat und durch Jesus erst zum vollen Sinn gebracht worden ist? Oder können wir im Judentum mit seinen verschiedenen Denominationen Gott und seinem Auftrag an uns Menschen weiterhin lebendig und sinnvoll begegnen? Die Spannung, die in diesen grundsätzlichen Alternativen liegt, müssen wir Juden und Christen bis heute immer wieder aushalten.«[45]

Gibt es zu der soeben rekonstruierten Auslegung des Abendmahls eine theologisch verantwortbare Alternative, welche das Verhältnis Judentum – Christentum nicht länger in Kategorien »alt« – »neu«, »vorläufig« – »endgültig«, »unvollkommen« – »vollkommen« bestimmt? Welche eine Verbindung zwischen jüdischem und christlichem Selbstverständnis herausarbeitet, ohne die Differenzen zu unterschlagen? Welche die je unterschiedliche Lesart des je Anderen ernst nimmt, ohne sie gegeneinander auszuspielen und einer latenten Ersetzungstheologie Vorschub zu leisten, die das Judentum zu einer »Vorform des Christentums« macht, die sich »eigentlich überlebt« hat?

V. DAS ABENDMAHL ALS PESSACHMAHL

Im Unterschied zum vierten lassen die ersten drei Evangelisten keinen Zweifel daran, dass Jesu Letztes Mahl mit seinen Jüngern ein Sedermahl gewesen ist.

1. Das Pessachfest steht vor der Tür

Für alle drei Evangelisten steht das Pessachfest vor der Tür, wie wir hörten, als sich Jesu Konflikt mit den religiösen Autoritäten seiner Zeit zuzuspitzen beginnt. Ausdrücklich ein »Paschamahl« (Mk 14,16; Mt 26,18; Lk 22,13) lässt der Mann aus Nazareth in Jerusalem vorbereiten, zu dem er sich dann auch am »Abend« nach Sonnenuntergang zu Tische setzt (Mk 14,17; Mt 26,20; Lk 22,14). Nach dieser Chronologie ist es der *Abend des 14. Nisan*, der Erew Pessach, der Abend von Pessach, an dem im Tempel zu Jerusalem die Lämmer geschlachtet werden. Markus (14,12), Matthäus (26,17) und Lukas (22,7) sind hier ganz präzise. Johannes zufolge hat Jesus am Morgen dieses Tages vor Pilatus gestanden und ist schon tot, bevor die Sonne untergeht. Lukas zufolge aber hat Jesus an diesem Abend zu seinen Jüngern gesagt: »Ich habe mich sehr danach gesehnt, vor meinem Leiden dieses Paschamahl mit euch zu essen. Ich sage euch: Ich werde es nicht mehr essen, bis das Mahl seine Erfüllung findet im Reich Gottes.« (Lk 22,16f.)

2. Der Unterschied: Pessachmahl – »Herrenmahl«

Solche und andere Aussagen lassen keinen Zweifel daran, dass im Unterschied zu Johannes die Synoptiker gezielt sowohl einen zeitlichen als auch einen symbolisch-theologischen Rahmen setzen und damit zunächst einmal – unbeschadet aller Unterschiede im Detail – *Kontinuität zwischen der Pessach-Exodus-Überlieferung und dem Letzten Abendmahl Jesu herstellen.* Dass sie den damals üblichen Ablauf eines Sedermahls im Detail nicht schildern, auch mit keinem Wort inhaltlich auf die für Pessach nun einmal zentrale Exodus-Überlieferung mit der Tierschlachtung eingehen, ist kein Gegenbeweis. Keiner der Synoptiker-Berichte versteht sich als Protokoll von geschichtlichen Vorgängen. Sie überliefern das, was für sie und ihre Adressaten entscheidend ist: die zentralen Zeichenhandlungen Jesu. Der Hinweis »Pessachmahl« genügt ihnen, um ihre juden- und heidenchristlichen Adressaten wissen zu lassen, in welchem Deutungs-Rahmen Jesus sich bei seinem Letzten Mahl bewegte. Entscheidend sind dann aber die von Jesus in diesem Rahmen gesetzten Zeichen und die Weise, wie er die Elemente dieses Rahmens für sich und seine Anhänger zu seinem künftigen Gedenken deutet.

Dies erklärt sich aus dem *Lebenskontext*, aus dem heraus die Synoptiker schreiben. Markus, Matthäus und Lukas haben – 40/50 Jahre nach Jesu Tod – die Mahlpraxis ihrer christlichen Gemeinden vor Augen, wollen aber zu diesem Zweck ganz offensichtlich an das Wesentliche der Urszene erinnern, von der aus alles seinen Anfang nahm. Sie überliefern in der Rückschau vor allem das, was für *ihre* Feiern des »Herrenmahls« (so der paulinische Sprachgebrauch nach 1 Kor 11,20) wichtig ist. Da konnte eine »Imitation« der jüdischen Pessachfeier schon deshalb nicht in Frage kommen, weil Pessach nur einmal im Jahr, die christliche Mahlfeier, das »Herrenmahl«, aber offensichtlich von früh an wöchentlich begangen wird, wie wir schon aus der Apostelgeschichte wissen: und zwar am »ersten Wochentag« (Apg 20,7), dem Sonntag als Tag der Auferweckung Jesu (Mt 28,1), den Christen auch den »Herrentag« nennen können (vgl. Offb 1,10). Folglich kann in der christlichen Gedächtnisfeier nicht der Exodus als Heilstat Gottes im Zentrum stehen, sondern in erster Linie die Deutung von Tod und Auferweckung Jesu Christi, was erklärt, warum in den christlichen Berichten nicht das Schlachten des Pascha-Lammes Erwähnung findet, wohl aber die Elemente Brot und Wein.

Ja, das »*Brotbrechen*«, sprich: das Deuten, Brechen und Teilen des Brotes scheint schon früh unter Christen das Unterscheidungsmerkmal schlechthin für ihre spezifische Mahlfeier gewesen zu sein. Schon von der ersten Christengemeinde – so wiederum die Apostelgeschichte – kann es abkürzend und zugleich unterscheidend heißen: »Sie hielten an der Lehre der Apostel fest und an der Gemeinschaft, am Brechen des Brotes und an den Gebeten.« (Apg 2,42) Ihre jüdische Herkunft müssen diese ersten Christen dabei nicht verleugnen. Beides, die Gebete im Tempel und die Mahlfeier zu Jesu Gedächtnis im eigenen Haus, kann noch nebeneinander existieren: »Tag für Tag verharrten sie einmütig im Tempel, brachen in ihren Häusern das Brot und hielten miteinander Mahl in Freude und Einfalt des Herzens.« (Apg 2,46; ebenso Apg 20,7.11; 27,35) Aber gerade dieses Brotbrechen weist zurück auf das Ritual des Passamahls. Dieser Gestus hat hier seinen Ursprungsort.

3. Die Verklammerung von Pessachmahl und Herrenmahl

Durch das Signal »Passamahl« zum Auftakt der Abendmahlsberichte aber bleiben auch für Christen, wenn sie sich zum
»Herrenmahl« versammeln, Einst (Exodus) und Jetzt (Geist-
Präsenz des gekreuzigten und auferweckten Herrn) miteinander verklammert und zwar auf doppelte Weise:

Aufbruch des Volkes – Auferweckung des Gekreuzigten

Beide Befreiungstaten Gottes (die Befreiung Israels aus den
Klauen des Despoten und die Befreiung Jesu aus den Klauen des
Todes) werden gerade nicht gegeneinander ausgespielt, sondern
in ihrem Eigenrecht gelassen und aufeinander bezogen. Bei einer Sederfeier soll jeder der Anwesenden sich, wie wir hörten,
des Exodus-Dramas erinnern und zwar so, als sei man selbst
dabei gewesen und sei diese Befreiungstat Gottes für einen persönlich geschehen: »An diesem Tag erzähl deinem Sohn: Das
geschieht für das, was der Herr *an mir* getan hat, als *ich* aus
Ägypten auszog.« (Ex 13,8) Rettungsgeschehen und Befreiungs-
Wunder von damals sollen heute je neu vergegenwärtigt werden.

Ähnliches lassen die Abendmahlsberichte anklingen. Sie
sind so erzählt, dass jeder, der an der Mahlfeier zu Jesu Gedenken künftig teilnimmt, sich ganz persönlich als Befreiten, als
Erlösten erfahren darf. Ist doch jedes Herrenmahl wie der Seder
ein Akt der *Wieder-Holung* und der *In-Einssetzung von Vergangenheit und Gegenwart*. Diesen unlösbaren Zusammenhang
von Exodus und Abendmahl hat der Tübinger evangelische
Theologe JÜRGEN MOLTMANN treffend einmal so umschrieben:
»Wie das Exodusgeschehen die Gottesgeschichte Israels eröffnet, so eröffnet das Geschehen von *Kreuzestod und Auferwe-*

ckung Christi die Gottesgeschichte der Christenheit unter den Völkern. Dort offenbart sich Gott als ›der Herr‹, weil er sein geknechtetes Volk aus der religiös-politischen Gewalt der Pharaonen in Ägypten befreit, es zum Volk seines Bundes macht und ins verheißene Land der Freiheit führt; hier offenbart sich Gott als ›der Vater‹, weil er ›Jesus von den Toten auferweckt‹ und ihn zum ›Herrn‹ seines Reiches und zum Erlöser der Völker macht. Die Macht Gottes ist dort die Befreiung von einem geschichtlichen Tyrannen, hier die Befreiung von der Tyrannei der geschichtlichen Macht des Todes. Dort führt der Exodus ins verheißene Land der Freiheit, hier führt die Auferstehung in den ›weiten Raum‹ des ewigen Lebens der zukünftigen Welt, in welcher der Tod nicht mehr ist. Die Parallelen und Analogien sind unübersehbar. Dort wird das Geschichte-eröffnende, weil Zukunft-erschließende Geschehen im Passahfest vergegenwärtigt, damit jede neue Generation in Israel in und mit dieser Geschichte leben kann, hier wird das Geschichte-eröffnende und Zukunft-erschließende Geschehen der Auferstehung des gekreuzigten Christus im Christusmahl vergegenwärtigt, damit die Glaubenden ›in‹ dem Christus leben können, der ›für sie‹ gestorben und ihnen voran auferstanden ist. Was für Christen ›Geschichte‹ und Leben ›zwischen den Zeiten‹ ist, wird beispielhaft und maßgeblich im *Abendmahl* erfahren.«[46]

Israels Zukunft im Blick: die »zwölf Apostel« und die »zwölf Stämme«

Auf Wieder-Holung der Exodus-Zeit verweisen auch die bei Jesu Letztem Mahl anwesenden *Teilnehmer*. Eingeladen sind in diesem Fall nicht wie bei früheren Tischgemeinschaften Jesu amorphe Teilnehmerkreise bis hin zu »Zöllnern und Sündern«, sondern offensichtlich ganz bewusst die *»zwölf Jünger«* (Mt 26,20), *»die Zwölf«* (Mk 14,17), *»die Apostel«* (Lk 22,14). Personenkreis und -zahl sind von hoher Symbolik, sollen diese »Zwölf« doch offensichtlich die zwölf Stämme Israels repräsentieren, die einst aus Ägypten in die Freiheit aufgebrochen waren. Was auch erklärt, warum bei Jesu Sederfeier weder Frauen noch Kinder anwesend sind, ist doch diese Feier »normalerweise« ein Fest für die gesamte Familie. Im Fall von Jesus bilden »die Zwölf« *seine* Familie, und diese Auserwählten haben nicht nur eine einzigartige Überlieferungsfunktion (»Tut dies zu meinem Gedächtnis«), sondern bekommen auch eine herausragende endzeitliche Richter-Funktion im Blick auf die zwölf Stämme Israels: »Ihr sollt in meinem Reich mit mir an meinem Tisch essen und trinken, und ihr sollt auf Thronen sitzen und die zwölf Stämme Israels richten.« (Lk 22,30)

Die neutestamentlichen Abendmahlsberichte behalten auch von daher die *Zukunft des Volkes Israel* im Blick. Israel-Vergessenheit wäre Verrat an diesem Schlüsselmotiv und damit am Vermächtnis Jesu. Der Neutestamentler JOACHIM JEREMIAS hat dies in seinem die jahrzehntelangen Forschungen zusammenfassenden Werk zur »Neutestamentlichen Theologie« (1971) noch einmal überzeugend dargelegt und ein Doppeltes festgehalten. *Erstens:* Jesu sogenanntes »Stiftungsmahl« darf lebensgeschichtlich und lebenspraktisch nicht »isoliert« werden, sondern kann nicht anders denn als »Glied in einer langen Kette von Mahlzeiten Jesu mit den Seinen« verstanden werden. Und *zweitens*: Diese Tischgemeinschaften müssen auch als »Abbilder des Mahles der Heilszeit« (nach Mk 2,18–20) verstanden werden. Jeremias folgert daraus: »Erst wenn diese eschatologische Ausrichtung des letzten Mahles erkannt ist, erst wenn verstanden ist, dass es als eine der Tischgemeinschaften mit Jesus Aktualisierung der Heilszeit ist, kann die Frage nach seiner Besonderheit sinnvoll gestellt werden. Diese besteht nicht darin, dass Jesus einen völlig neuen Ritus ›stiftete‹, sondern darin, dass er mit dem gewohnten Ritus des Tischgebetes vor und nach der Mahlzeit eine Leidensankündigung und Leidensdeutung verband.«[47] Wir werden auf dieses ganz entscheidende Zukunftsmotiv der Abendmahlsberichte noch ausführlich zu sprechen kommen (Kap. V/6: Tischgemeinschaft im Reich Gottes).

4. Elemente eines Seder noch erkennbar

Trotz der beträchtlichen zeitlichen Distanz und trotz der Unterschiede zwischen Passamahl und Herrenmahl sind Elemente des *Ablaufs eines Seder* in den Abendmahlsberichten durchaus noch erkennbar. Der *Evangelist Lukas* hat sie am deutlichsten aufbewahrt. Ja, mit dem Tübinger Neutestamentler MICHAEL THEOBALD wird man das Paschamahl geradezu als die »Matrix« des lukanischen Abendmahlsberichts bezeichnen können[48], und eine Matrix ist so etwas wie eine Keim- und Bildungsschicht, aus der etwas entsteht. Schauen wir uns seinen Text genau an:

>»[14] Als die Stunde gekommen war, begab er sich mit den Aposteln zu Tisch. [15] Und er sagte zu ihnen: Ich habe mich sehr danach gesehnt, vor meinem Leiden dieses Paschamahl mit euch zu essen. [16] Denn ich sage euch: Ich werde es nicht mehr essen, bis das Mahl seine Erfüllung findet im Reich Gottes. [17] Und er nahm den Kelch, sprach das Dankgebet und sagte: Nehmt den Wein, und verteilt ihn untereinander! [18] Denn ich sage euch: Von nun an werde ich nicht mehr von der Frucht des Weinstocks trinken, bis das Reich Gottes kommt. [19] Und er nahm Brot, sprach das Dankgebet, brach das Brot und reichte es ihnen mit den Worten: Das ist mein Leib, der für euch hingegeben wird. Tut dies zu meinem Ge-

dächtnis! [20] Ebenso nahm er nach dem Mahl den Kelch und sagte: Dieser Kelch ist *der Neue Bund* in meinem Blut, das für euch vergossen wird.« (Lk 22,14–20)

Selbstverständlich bildet auch Lukas nicht eins zu eins ab. Aber wir erkennen bei ihm noch deutlicher als bei anderen gleichsam wie bei einer Röntgenaufnahme noch die untergründige Struktur eines Seder, die diesem Bericht zugrunde gelegen haben muss. Anders sind viele Details und die Abfolge der Details kaum zu erklären. Die Strukturparallelen sind mit Händen zu greifen. Ich nenne nur die auffälligsten.

Ein Mahl zur Nacht in Jerusalem

Nach dem Zeugnis der Synoptiker (Mk 14,17; Mt 26,20) und des Paulus (»der Herr nahm in der Nacht, in der er ausgeliefert wurde«: 1 Kor 11,23) feiert Jesus sein Abschiedsmahl nach *Anbruch der Nacht* im zur Festzeit übervölkerten Jerusalem an einem vorbereiteten Ort. Das Signal ist kein beliebiges. BERTOLT KLAPPERT hat darauf zurecht in seiner kritischen Auseinandersetzung mit dem, was er das »Passaverschweigen« in heutiger Theologie und Kirche genannt hat, aufmerksam gemacht: »Bei diesem so überaus *beredten Passaverschweigen in unseren Abendmahlsfeiern und unserer Abendmahlstheologie* wird übersehen, dass allein schon der Terminus ›Abendmahl‹ bzw. ›Nachtmahl‹ (Luther), das wir in aller Regel ja am Sonntagmorgen feiern, aus der jüdischen Passamahltradition stammt, weil das Passamahl als einziges jüdisches Mahl in der Nacht gefeiert wurde und wird.«[49]

Dankgebet und ein erster Becher

Lukas zufolge (22,17) nimmt Jesus zu Beginn der Feier einen ersten Becher mit Wein und spricht dazu ein Dankes-, ein Verteilungs- und ein Zukunftswort: »Ich werde nicht mehr von der Frucht des Weinstocks trinken, bis das Reich Gottes kommt.« (22,18) Schon bei seiner allerersten Äußerung beim Abendmahl also, so will es Lukas, steht ein Verweis von Jesus auf das *kommende* »Reich Gottes«, das mit seinem Wirken angebrochen und in der Feier des Abendmahls »zu seinem Gedächtnis« zeichenhaft und Zukunft-eröffnend vorweggenommen ist. Bei diesem Vorgang dürfte es sich um eine Anspielung auf den *Kiddusch-Becher* des Seder gehandelt haben.

Brechen, Deuten und Verteilen des Brotes

Dann – ebenfalls Lukas zufolge – der Sitte entsprechend noch vor dem Hauptmahl Brot, ein Dankgebet, das Brechen und Verteilen des Brotes mit einem Deutewort: »Das ist mein Leib, der für euch hingegeben wird.« (Lk 22,19) Zum zweiten Mal in kürzester Zeit schließt sich daran ein Zukunftswort an, diesmal nicht auf die endzeitliche, sondern auf die geschichtliche Zukunft bezogen: »Tut dies [in Zukunft] zu meinem Gedächtnis.« (Lk 22,19)

Zweiter Becher, Deutung des Weins

Dann die *Hauptmahlzeit* und erst »*nach* dem Mahl«, wie es ausdrücklich bei Lukas (Lk 22,20) und Paulus (1 Kor 11,25) heißt, ein *weiterer Becher mit Wein* zusammen mit einem entsprechenden *Deutewort:* »Dieser Kelch ist der Neue Bund in meinem Blut, das für euch vergossen wird«, so Lukas (Lk 22,20). »Dieser Kelch ist der Neue Bund in meinem Blut«, heisst es bei Paulus (1 Kor 11,25). Welches Mahl zur Nacht kann hier gemeint sein, in dem man nach dem Essen noch einmal einen Becher mit Wein reicht? Ganz offensichtlich handelt es sich hier um eine Erinnerung an den bei einem Seder nach der Hauptmahlzeit gereichten dritten Becher, den *Segensbecher.*

Zum Schluss ein Lobgesang

Markus und Matthäus wissen schließlich noch von einem »*Lobgesang*« (Mk 14,26; Mt 26,30), mit dem Jesus und die Seinen ihre Feier abgeschlossen haben, bevor alle in dieser besonderen Nacht »hinaus an den Ölberg« gehen (Mk 14,26; Mt 26,30; vgl. Lk 22,39), eine Erinnerung ganz offensichtlich an das den Seder abschließende »*Pascha-Hallel*« auf der Basis der Psalmen 115 bis 118.

Jesus bleibt in der Nacht in Jerusalem

Auch die Tatsache, dass Jesus mit seinen Aposteln in dieser Nacht *Jerusalem nicht verlässt*, entspricht der Pessachpraxis, ist doch nach Dtn 16,7 die Pessachnacht noch im Stadtgebiet zu verbringen, wie wir hörten: Am Abend bei Sonnenuntergang soll »das Paschatier« geschlachtet, es soll noch in der Nacht verzehrt werden und erst »am Morgen« danach darf man zu den eigenen Zelten zurückkehren. Für den katholischen Neutestamentler JOACHIM GNILKA ist hier einer der Hauptgründe gegeben, warum »es die Paschanacht war, in der dieses Mahl stattfand«: »Jesus und die Jünger feiern dieses Mahl in der Stadt Jerusalem, und sie feiern es zur nächtlichen Zeit. Beides kann als verbürgt angesehen werden. Die Nachtzeit wird durch die alte Abendmahlsüberlieferung in 1 Kor 11,13 (›in der Nacht, da er ausgeliefert wurde‹) bestätigt. Beides ist nicht selbstverständlich. Normalerweise pflegte man die Hauptmahlzeiten vor Sonnenuntergang einzunehmen. Das Paschamahl wurde nächtens abgehalten. Auch war es geboten, es innerhalb der Mauern von Jerusalem einzunehmen. Darum trifft Jesus sich mit den Jüngern nicht in Betanien, wo er Quartier bezogen hatte (vgl. Mk 11,11f.; 14,3). Auch wenn Jesus und die Jünger in dieser Nacht zum Ölberg gehen, haben sie die Paschavorschrift, Jerusalem nicht zu verlassen, nicht übertreten. Wir können davon ausgehen, dass das Ölberggelände – wegen der Menge der Pilger – in das Paschagebiet einbezogen worden war.«[50]

Ich folge zur Deutung des soeben rekonstruierten Vorgangs noch einmal JOACHIM JEREMIAS, der schon in seinem Buch zu den »Abendmahlsworten Jesu« zu dem Schluss kommt: »Der geschilderte Ritus der Deutung der Besonderheiten des Passamahles ist der Anlass gewesen für die Deutung, die Jesus Brot und Wein bei seiner letzten Mahlzeit gegeben hat. Das heißt: Strukturell schließt Jesus seine Worte an den Ritus der Passadeutung an. Nur hier ist ein Reden in Deuteworten rituell präformiert.«[51] Diese Argumentation hat Jeremias in seiner zusammenfassenden »Neutestamentlichen Theologie« von 1971 noch einmal erweitert. Sie erscheint mir nach wie vor überzeugend: »Wenn Jesus die Ankündigung und Deutung seines bevorstehenden Leidens in die Form von *Deuteworten* zu Brot und Wein kleidet, so gibt es für dieses ganz ungewöhnliche Vorgehen schlechterdings nur eine Erklärung: Deuteworte waren fester Bestandteil des Ritus des Passamahles (und sind es bis auf den heutigen Tag). Die Sitte war erwachsen aus Ex 12,26f.; Ex 13,8, wo es dem Hausvater zur Pflicht gemacht wird, seinen Kindern den Sinn der Riten des Passa-Mazzot-Festes zu deuten. Zur Erfüllung dieser Vorschrift hatte der Hausvater bei jedem Passamahl der Familie in einer Osterandacht die Besonderheiten der Mahlzeit zu erklären, insbesondere, warum an diesem Abend ungesäuertes Brot, Bitterkräuter und ein Lammbraten gegessen wurden. War Jesu letztes Mahl, wie die Synoptiker überliefern, ein Passamahl, so hat er als Hausvater seines Jüngerkreises pflichtgemäß die Osterandacht gehalten und dabei jene Deutungen von Brot und Wein vorgetragen, die er dann im Anschluss an das Tischgebet wiederholt hat. Das für uns befremdliche Reden in Deuteworten war für die Jünger nichts Auffälliges, sondern gewohnter Bestandteil des Passarituals.«[52]

Und Deuteworte gibt es nur bei *einer* jüdischen Feier, beim Passamahl.

So ergibt die Rekonstruktion der Sederfeier Jesu folgendes Bild, das man mit dem Tübinger evangelischen Neutestamentler PETER STUHLMACHER so umschreiben kann: »Das Ritual von Vorspeise und Passaliturgie scheint von ihm [Jesus] vollzogen worden zu sein, wie es Sitte war; hier wurden auch das ungesäuerte Brot und die Bitterkräuter gedeutet. Für das Hauptmahl aber gibt die Passahaggada keine festen Regeln mehr. Es war nur üblich, dass der Hausvater zu Beginn über dem (ungesäuerten) Brot das Dankgebet sprach, das Brot brach und den Tischgästen austeilte. Diesen Brauch benutzte Jesus, um nach dem Dankgebet das *Brotwort* zu sprechen. An dieses Wort schloss sich die ganze (Passa-)Hauptmahlzeit an. An ihrem Ende pflegte der Tischherr über dem ›nach dem Mahl‹ gereichten (dritten) Becher (vgl. Lk 22,20; 1 Kor 11,25), [...] das Dankgebet für die Mahlzeit [...] zu sprechen, und dann leerten alle Mahlteilnehmer ihren Becher. Diese Sitte gab Jesus die Möglichkeit, das *Kelchwort* zu sprechen und – entgegen dem üblichen Brauch – die Zwölf aus einem einzigen ›Segensbecher‹ trinken zu lassen.«[53]

5. Jesus deutet seinen Tod im Rahmen des Passamahls

Vier Abendmahlsberichte kennt das Neue Testament: neben den dreien der Synoptiker auch einen, den der Apostel *Paulus* im ersten Brief an seine Gemeinde in Korinth als direktes Wort »vom Herrn« überliefert. Damit kann der paulinische Abendmahlsbericht sowohl die größte Authentizität (als direkt bezeugtes »Herrenwort«) als auch älteste Datierung für sich beanspruchen, dürfte doch der 1. Korintherbrief auf die Mitte der 50er-Jahre zurückgehen. Das älteste Evangelium, das des Markus, gilt als kurz vor 70 geschrieben.

Wer diese vier Abendmahlsberichte nebeneinander legt, wird viele Abweichungen im Detail feststellen können. Das muss uns hier nicht beschäftigen. Für uns von Interesse ist: In den Grundaussagen des Inhalts und den Grundelementen des Ablaufs gibt es zwischen den Abendmahlsberichten deutliche Übereinstimmungen und diese wiederum verweisen auf den ursprünglichen Rahmen: die Sederfeier in der Nacht von Pessach. Ich überprüfe die Berichte an den von mir in Kapitel II herausgearbeiteten vier inhaltlichen Kernelementen einer Sederfeier: *(1) Freiheit als Befreiung durch Gott (2) Die Geburt Israels als Gottesvolk (3) Das Ritual als Vergegenwärtigung des Vergangenen (4) Das Ritual als Stiftung von Gemeinschaft.*

Im Angesicht von Verrat und Tod

Wir hörten: Wer Pessach feiert, erinnert sich an die Befreiung eines bedrohten, um sein Leben bangenden Volkes aus jahrelanger Knechtschaft. Auch Jesus weiß, als er sich zum Seder niederlässt, dass sein Leben in Gefahr ist. Der Verräter, Judas, sitzt als einer der Zwölf Jünger mit am Tisch! Unübersehbar ist ja: Erzählerisch sind alle drei Abendmahlsberichte in eine bedrückende Atmosphäre des *nahe bevorstehenden Verrates und Todes* getaucht (Mk 14,18–21; Mt 26,21–25; Lk 22,21f.). Jesu Leben ist akut bedroht wie seinerzeit das Leben des Volkes der Israeliten in Ägypten.

Das gebrochene Brot – der eigene Leib

Wir hörten: Pessach ist das große Fest der Erinnerung an ein Ereignis der Befreiung des Volkes Israel. Auch Jesus deutet in dieser Nacht sein *bevorstehendes Schicksal als eine neue Befrei-*

ungstat für Israel. Im Brot, das wie üblich auf dem Tisch steht und in Stücke gebrochen wird, erkennt er seinen Leib, der – dem Tod geweiht – in Kürze »hingegeben wird« – »für euch«, wie es bei Lukas und bei Paulus heißt (Lk 22,19; 1 Kor 11,24). Markus und Matthäus kennen nur das ungemein starke Zeichen der Selbstdeutung: »Das ist mein Leib« (Mk 14,22; Mt 26,26) ohne weiteren Zusatz. Auf diese Weise tut Jesus genau das, was jeder jüdische Hausvater beim Seder tut: Er vergegenwärtigt das Vergangene auf seine Weise mit einem symbolträchtigen Schlüsselzeichen: dem ungesäuerten Brot als »Speise der Bedrängnis« (Dtn 16,3) und deutet damit sich selbst und das, was mit ihm in Kürze geschieht.

Woraus folgt: Jesus nutzt die geschichtliche Stunde des Abschieds nicht, um sich mit einem »neuen Bund« aus seinem Volk zu verabschieden oder gegen sein Volk ein anderes Pascha zu stiften. Aber er feiert auch inmitten des Festes weit mehr als die Errettung Israels aus der ägyptischen Knechtschaft. BERTOLT KLAPPERT hat in diesem Sachzusammenhang eindrücklich an Worte von jüdischen Gelehrten wie Leo Baeck und Schalom Ben-Chorin erinnert: »Leo Baeck hat das Wirken und Handeln Jesu ›ein Neues im Judentum‹, nicht aber gegen das Judentum genannt. Schalom Ben-Chorin bezeichnete diese eigentümliche Deutung Jesu, d.h. diese Aktualisierung durch Jesus beim Passamahl, zu Recht *nicht* als *Neustiftung* des christlichen Abendmahls, sondern als *Ein-Stiftung* in das jüdische Passamahl. Denn die Geschichte von der Befreiung aus der Sklaverei Ägyptens im Hinblick auf die Pharaonen und Tyrannen der jeweiligen Gegenwart von Herodes über Pilatus, Hadrian und Domitian bis zu Hitler zu aktualisieren, war und ist die Pflicht jeden jüdischen Hausvaters bei der Passaandacht damals bis heute. Jesus deutet und aktualisiert dabei wie folgt: Jesus bezieht den gottesdienstlichen Handlungszusammenhang mit dem *ungesäuerten Brot*, über dem er den Gott Israel segnet, das er in zwölf Stücke zerteilt, die er seinen zwölf Jüngern austeilt und zu essen auffordert, zugleich auf sich selbst: *Das* (dies ungesäuerte Brot, das gebrochen wird und das Gott im Gedenken an den Auszug zu essen geboten) *bin ich selbst*. Oder noch besser: Dies Zerbrochenwerden geschieht mit mir selbst (R. Stuhlmann). ›Und Jesus nahm das ungesäuerte Brot, segnete Gott darüber, brach es und gab es ihnen (seinen zwölf Jüngern) und sagte: *Dies* (geschieht) *mit mir selbst*‹ (Mk 14,22). Wer nunmehr davon isst, bekommt zugleich teil an mir und meinem ganzen Lebens- und Leidensweg, an meinem Weg des Zerbrechens und der Selbsthingabe.«[54]

Der rote Wein – das eigene Blut

Mehr noch: Im vorbereiteten roten Wein erblickt Jesus in dieser Stunde zeichenhaft sein eigenes Blut, das, einem Pessachlamm gleich, in Kürze »vergossen« werden wird »*für viele*«, wie Markus und Matthäus überliefern, »*für euch*«, wie Lukas Jesus sagen lässt, so einen Blut-«Bund« (Mk 14,24; Mt 26,28) stiftend, einen »neuen Bund in meinem Blut«, wie Lukas und Paulus akzentuieren (Lk 22,20; 1 Kor 11,25). Eindrücklich auch hier die Deutung von BERTOLT KLAPPERT: »Entsprechend bezieht Jesus den gottesdienstlichen Handlungszusammenhang mit dem *roten Wein* […] zugleich auf sich selbst und seine bevorstehende gewaltsame Tötung: ›*Dies* (ist) mein Blut des Bundes (Ex 24,8), das gewaltsam vergossen werden wird, stellvertretend *für die Vielen*‹ (Mk 14,24; Jes 53,11f.). Wer jetzt von diesem ausgegossenen roten Wein trinkt, bekommt teil an meinem Weg des stellvertretenen Sterbens, der eine neue und weitere Wegetappe des seinem Erwählungsbund treuen Gottes ist. Wer also aus dem Becher des Heils und der Rettungen bzw. von dem roten Wein trinkt, bekommt Anteil an dem Segensbecher der Rettung und

Erlösung aus Ägypten (Ps 116,13). Er erhält aber auch Anteil an der durch den gewaltsamen Tod Jesu hindurch Wirklichkeit werdenden stellvertretenden Lebenshingabe für die unübersehbar Vielen, d. h. an der Versöhnung für ganz Israel und auch für die Völkerwelt.«[55]

Der Blut-Bund

Ungemein dicht sind in diesen wenigen über Brot und Wein gesprochenen Worten verschiedene Traditionen miteinander verknüpft, die nur ein guter Kenner jüdischer Überlieferungen überhaupt »durchschauen« kann:

Die Kelchworte:
– »Das ist mein Blut, das Blut des Bundes, das für viele vergossen wird.« (Mk 14,24)
– »Das ist mein Blut, das Blut des Bundes, das für viele vergossen wird zur Vergebung der Sünden.« (Mt 26,28)
– »Dieser Kelch ist der Neue Bund in meinem Blut, das für euch vergossen wird.« (Lk 22,20)
– »Dieser Kelch ist der Neue Bund in meinem Blut.« (1 Kor 11,25)

Diese Kelchworte von einem *Blut-Bund oder vom Bundes-Blut* verweisen ihrerseits auf die Exodus-Überlieferung, der zufolge Moses nach dem Auszug aus Ägypten, dem Erhalt der Gebote und der Übermittlung des Bundesbuches (Ex 24,3f.) das Volk mit dem Blut geopferter Stiere besprengt hat, so den Bund besiegelnd, den Gott mit seinem Volk eingegangen ist: »Das ist das Blut des Bundes, den der Herr aufgrund all dieser Worte mit euch geschlossen hat.« (Ex 24,8) Zugleich dürfte hier die Verheißung des Propheten Sacharja noch einmal anklingen, die Matthäus schon beim Einzug Jesu in Jerusalem aufgenommen hatte. Dort (in Mt 21,5) hatte er das Sacharja-Wort zitiert: »Sagt der Tochter Zion: Siehe, dein König kommt zu dir. Er ist friedfertig, und er reitet auf einer Eselin« (Sach 9,9). Bei Sacharja aber ist in den folgenden Versen auch davon die Rede, dass Gott die in Babylonien gefangenen Juden »um des Blutes deines Bundes willen« aus ihren Kerkern freilassen werde (Sach 9,11). Der Sinnzusammenhang dürfte folgender sein: Nachdem der Einzug nach Jerusalem als Ankunft des kommenden Friedenskönig (entsprechend Sach 9,9) beschrieben worden war, wird diese Verheißung beim Abendmahl wieder aufgenommen und von Jesus mit seinem bevorstehenden Tod in Verbindung gebracht. Das am Sinai gesprengte Blut deutet er typologisch: »Wie dieses Blut den Mosebund in Kraft setzte, so Jesu Blut den Neuen Bund, der die auf der Vergebung beruhende vollendete Gottesgemeinschaft in der Königsherrschaft Gottes zum Gegenstand hat.«[56]

Ein neuer Bund

Die Rede vom »*neuen Bund« in den Abendmahlsberichten von Lukas und Paulus* verweist auf ein Wort des Propheten Jeremia, der – angesichts der Tatsache, dass das Volk den Bund »gebrochen« hat – »Tage« ankündigt, in denen Gott mit dem Volk »einen neuen Bund« schließen wird. Er wird ausdrücklich nicht wie der Bund sein, den Gott mit den Vätern geschlossen hat, als er sie »aus Ägypten« herausführte:

> »[31] Seht, es werden Tage kommen – Spruch des Herrn –, in denen ich mit dem Haus Israel und dem Haus Juda einen neuen Bund schließen werde, [32] nicht wie der Bund war, den ich mit ihren Vätern geschlossen habe, als ich sie bei der Hand nahm, um sie aus Ägypten herauszuführen. Diesen meinen Bund haben sie gebrochen, obwohl ich ihr Gebieter war – Spruch des Herrn. [33] Denn das wird der Bund sein, den ich nach diesen Tagen mit dem Haus Israel schließe – Spruch

des Herrn: Ich lege mein Gesetz in sie hinein und schreibe es auf ihr Herz. Ich werde ihr Gott sein und sie werden mein Volk sein. [34] Keiner wird mehr den andern belehren, man wird nicht zueinander sagen: Erkennt den Herrn!, sondern sie alle, klein und groß, werden mich erkennen – Spruch des Herrn. Denn ich verzeihe ihnen die Schuld, an ihre Sünde denke ich nicht mehr.« (Jer 31,31–34)

Blut – für viele vergossen

Dann die Rede vom Vergießen des Blutes »für viele« bei Markus und Matthäus. Sie verweist auf das Lied von einem leidenden »Knecht Gottes«, das sich im Buch des Propheten Jesaja (Kap. 53) findet. Dieser zeichnet sich nicht nur durch ein Übermaß an Leiden und Leidensfähigkeit aus, sondern auch dadurch, dass er sein Leben in Freiheit stellvertretend preisgibt, »die Sünden *von vielen* trägt« und für »die Schuldigen« (Jes 53,12) eintritt. Als Gerechter macht er *»viele* gerecht«, indem er »ihre Schuld auf sich« lädt (Jes 53,11). Wörtlich heißt es bei Jesaja an der entscheidenden Stelle:

»[10] Doch der Herr fand Gefallen an seinem zerschlagenen (Knecht), er rettete den, der sein Leben als Sühnopfer hingab. Er wird Nachkommen sehen und lange leben. / Der Plan des Herrn wird durch ihn gelingen.
[11] Nachdem er so vieles ertrug, erblickt er das Licht. / Er sättigt sich an Erkenntnis. Mein Knecht, der gerechte, macht die vielen gerecht; / er lädt ihre Schuld auf sich.
[12] Deshalb gebe ich ihm seinen Anteil unter den Großen / und mit den Mächtigen teilt er die Beute, weil er sein Leben dem Tod preisgab / und sich unter die Verbrecher rechnen ließ. Denn er trug die Sünden von vielen / und trat für die Schuldigen ein.« (Jes 53,10–12)

6. Tischgemeinschaft im Reich Gottes

Schließlich der Verweis und Vorgriff auf die Zukunft. Wir sind schon bei unserer Auslegung der Sederfeier (Kap. II/9), der johanneischen Rede von Jesus als »Brot vom Himmel« (Kap. IV/5 u. 6) sowie des lukanischen Abendmahlberichts (Kap. V/4) darauf gestoßen: »Ich werde nicht mehr von der Frucht des Weinstocks trinken, bis das Reich Gottes kommt.« (Lk 22,18) Schon bei der allerersten Äußerung Jesu beim Abendmahl also, so will es Lukas, gibt es einen Verweis auf das *kommende »Reich Gottes«*, das mit seinem Wirken angebrochen und in der Feier des Abendmahls »zu seinem Gedächtnis« zeichenhaft und Zukunft-eröffnend vorweggenommen ist. Hier ist jetzt der Ort, uns das Gesamtbild anzuschauen, das die Abendmahlsberichte uns von *einer endzeitlichen Zukunft* entwerfen. Drei große Bilder stellen sie uns vor Augen:

– *Zum einen* ist bei *Paulus* davon die Rede, dass Christen unter den Zeichen von Brot und Wein »den Tod des Herrn verkünden, bis er kommt« (1 Kor 11,26). Ganz elementar ist hier also von einer zu erwartenden *Wiederkehr Christi allein* die Rede.
– Davon unterscheidet sich *zum Zweiten* bei den *Synoptikern* die Rede, dass Jesus das Passalamm mit seinen Aposteln nicht mehr essen wird, »bis das Mahl seine Erfüllung findet im Reich Gottes« (Lk 22,16) und dass Jesus »vom Gewächs des Weinstocks« nicht mehr trinken werde, bis er es werde trinken können im »Reich« seines »Vaters« (Mt 26,29), »im Reiche Gottes« (Mk 14,25) oder »bis das Reich Gottes kommt« (Lk 22,18) und zwar entweder allein (Mk/Lk) oder »mit euch« (Mt 26,29), sprich: den »zwölf Jüngern«.

Was ist gemeint mit dem Satz, dass das Paschamahl »seine Erfüllung« finden wird »im Reich Gottes«, wie Lukas anklingen lässt (22,16)? Wir erinnern uns, dass die Passanacht zu einem Kristallisationspunkt der messianischen Hoffnungen im Judentum geworden war. Pessach ist das messianischste aller israelitisch-jüdischen Feste. In diesem Sachzusammenhang hat MICHAEL THEOBALD darauf verwiesen, dass man »im Frühjudentum in der Erwartung« gelebt hat, »dass Gott dereinst das messianisch-eschatologische Heil an Pascha herbeiführen werde«. Vier Heilsnächte seien »der Paschanacht zugeordnet« worden, »die ›uranfängliche Nacht‹ des Schöpfungsbeginns, die Nacht der Offenbarung Gottes vor Abraham (Gen 17), die Nacht des ersten Pascha und die ›vierte Nacht, wenn die Welt ihr Ende erreicht haben wird, um aufgelöst zu werden. Dann werden die Bande der Gottlosigkeit zerstört und die eisernen Joche zerbrochen werden. Mose wird hervortreten aus der Wüste, und der Messiaskönig wird hervortreten aus der Höhe; sie werden beide an der Spitze einer Wolke einherschreiten, und das Wort JHWHs wird Führer sein zwischen den beiden zugleich Einherschreitenden. Das ist die Paschanacht vor JHWH, beobachtet und gefeiert von allen israelitischen Generationen.«[57] Woraus folgt: »Auf diesem Hintergrund lässt sich auch Lk 22,16 als judaistisches Zeugnis für diese Erwartung lesen, die hier aber alle politischen und sozialen Freiheitsräume transzendiert: ›... *bis dass es (sc. das Pascha) erfüllt sein wird im Reich Gottes*‹ meint: ›bis dass die Hoffnung dieser Nacht auf endgültige Befreiung von Tod und allem Elend im Reich Gottes in Erfüllung gegangen sein wird‹. Jesus gedenkt mit seinen Aposteln der Herausführung Israels aus dem Sklavenhaus Ägypten, aber er tut es angesichts seines Todes in der Gewissheit, dass Befreiung und Heil im Reich Gottes alle menschlichen Erwartungen übersteigen.«[58]

All diese Jesus in den Mund gelegten Äußerungen zeigen, dass das Abendmahl als Tischgemeinschaft Jesu mit seinen Jüngern nicht ohne die Aussicht und den *Vorgriff auf das kommende Reich Gottes* verstanden werden kann. Eine bloße Erinnerung an »damals« reicht nicht. Ein »Tut dies zu meinem Gedächtnis«, das die endzeitlich-messianische Dimension ausklammert, verdrängt oder theologisch überspielt (etwa durch eine einseitige Kreuzes-, Opfer- und Sühnetheologie), verfehlt eines der Schlüsselmotive der Abendmahlsberichte und ihrer Verklammerung mit biblisch-jüdischen Motiven. Direkt und bildmächtig ist hier von einer Ankunft des Reiches Gottes und einer möglichen *Tisch- und Trinkgemeinschaft mit den Jüngern* die Rede. Dies dürfte eine Anspielung sein auf die große Vision des Propheten *Jesaja* von einem »Festmahl« Gottes auf dem Zionsberg zu Jerusalem (Jes 24,23), einem Mahl in messianischer Vollendung und zwar »für alle Völker« mit den »besten und feinsten Speisen, mit besten und erlesenen Weinen« (Jes 25,6):

> »Der Herr der Heere wird auf diesem Berg
> für die Völker ein Festmahl geben mit den feinsten Speisen,
> ein Gelage mit erlesenen Weinen,
> mit den besten und feinsten Speisen, mit besten, erlesenen
> Weinen.
> Er zerreißt auf diesem Berg die Hülle,
> die alle Nationen verhüllt, und die Decke, die alle Völker bedeckt.
> Er beseitigt den Tod für immer.
> Gott, der Herr, wischt die Tränen ab von ihrem Gesicht.
> Auf der ganzen Welt nimmt er von seinem Volk die Schande hinweg.
> Ja, der Herr hat gesprochen.
> An jenem Tag wird man sagen: Seht, das ist unser Gott, auf ihn haben wir unsere Hoffnung gesetzt, er wird uns retten.«
> (Jes 25,6–9)

Ein Motiv, das auch in dem Psalm anklingt, der zum Abschluss des Seder gebetet wird: »Ich will den Kelch des Heils erheben und anrufen den Namen des Herrn.« (Ps 116,13)

– Davon zu unterscheiden ist ein *drittes eschatologisches Motiv,* das wir allein bei *Lukas* finden. Hier ist über eine Wiederkunft Christi und eine endzeitliche Tisch- und Trinkgemeinschaft der Jünger mit Christus hinaus davon die Rede, dass die Jünger »auf Thronen sitzen und die Stämme Israels richten werden« (Lk 22,30). Das heißt: Die aktuelle und letzte Tischgemeinschaft Jesu mit seinen »Aposteln« (Lk 22,14) nimmt zeichenhaft vorweg, was für die Endzeit bei seiner Wiederkunft zugesagt ist: Den Aposteln ist durch Christus »das Reich vermacht«, so wie Gott der Vater es ihm »vermacht« hat. Deshalb wird die zeitliche Tischgemeinschaft von einst in Jerusalem dereinst in Gottes Reich erneuert. Wieder werden die Apostel mit Christus zu »Tisch« sitzen und »essen und trinken«. Und sie werden »auf Thronen sitzen und die Stämme Israels richten« (Lk 22,30). Die Wiederkunft Christi und die Wiedervereinigung mit den Aposteln zielt auf Israel, repräsentiert in den zwölf Stämmen, die dereinst aus Ägypten aufgebrochen waren.

Das alles lassen die Abendmahlsberichte anklingen, wenn sie Jesus in ungemein angespannter Situation sein Leiden und Sterben deuten lassen. Das Wissen um das baldige Vergießen des eigenen Blutes lassen sie verbunden sein mit dem Wissen um das Blut der schon geschlachteten Pessachlämmer und beides vermischt sich mit einer Doppelerinnerung an die Exodus-Zeit: Das vergossene Blut der Tiere war einerseits Schutzblut vor einem zu einer Strafaktion aufgebrochenen Gott und andererseits Blut zur Bekräftigung des Bundes mit einem Israel auf ewig durch die Tora verbundenen Gott. Diese Erinnerung an den

Bluts-Bund der Vergangenheit wird gleichzeitig überblendet von der Ankündigung eines neuen Bundes, der jetzt und in Zukunft im Zeichen des Kreuzesopfers Jesu steht, nicht um den alten Bund zu ersetzen, sondern um ihn im Sinne des Propheten Jeremia zu erneuern: »Ich lege mein Gesetz in sie hinein und schreibe es auf ihr Herz. Ich werde ihr Gott sein und sie werden mein Volk sein.« (Jer 31,33) Die Abendmahlsberichte verstehen denn auch Jesu Leidens- und Todesbereitschaft als Zeichen freiwilliger Hingabe »für andere« (ob »für viele« oder »für euch«) nach dem Vorbild des leidenden Gottesknechtes. Das hat insbesondere *Matthäus* verdeutlicht, der als einziger in seinem Abendmahlsbericht das »Blut des Bundes« vergossen sein lässt *zur Vergebung der Sünden«* (Mt 26,28).

Alle Abendmahlsberichte aber sind so erzählt, dass Jesus nicht als ahnungslos-überraschtes Opfer oder als beliebiges Objekt staatlicher Machtpolitik in den Tod geht, auch nicht als bloßer Märtyrer wie viele andere vor ihm, die für ihre Glaubensüberzeugung bis zum Ende eingestanden sind. Vielmehr soll Jesus den Tod bewusst auf sich genommen und dadurch Zeichen gesetzt haben, dass Gott einen »erneuerten Bund« mit dem Volk einzugehen bereit ist. Das ist, wenn man so will, die christliche Deutung des Pascha-Ereignisses, jetzt verstanden im Lichte von Jesu Leiden und Sterben und im Wissen darum, dass der Gekreuzigte lebt und die Gemeinde bei ihren Zusammenkünften im Ritus des Brotbrechens ihn als den Lebendigen erfährt.

Lukas und Paulus machen denn auch explizit, was bei Markus und Matthäus nur implizit vorhanden ist. Wie bei jeder Sederfeier ergeht an die (jetzt christlichen) Teilnehmer des Mahls die direkte Aufforderung: »Tut dies zu meinem Gedächtnis« (Lk 22,19; 1 Kor 11,24). Ja, gerade Lukas überliefert uns eine Schlüsselszene, wie der Auferstandene in Person seine jüdischen Anhänger aus ihrer (nach Jesu Kreuzestod begreiflichen)

Enttäuschung und Niedergeschlagenheit holt. Auf dem Weg nach Emmaus legt er ihnen *erstens* messianisch die Schrift aus, »ausgehend von Mose und allen Propheten« (Lk 24,27) und gibt sich *zweitens* bei der Tischgemeinschaft am Abend unter »seinem« Zeichen unverwechselbar zu erkennen: »Und als er mit ihnen bei Tisch war, nahm er das Brot, sprach den Lobpreis, brach das Brot und gab es ihnen. Da gingen ihnen die Augen auf und sie erkannten ihn.« (Lk 24,30f.) Er aber kann sich ihnen jetzt vollends entziehen, denn die betreffenden Jünger haben durch diese Begegnung begriffen, unter welchem Schlüssel-Zeichen Jesus als der Lebendige unter ihnen anwesend ist und bleibt. Entsprechend kann es heißen: »Da gingen ihnen die Augen auf, und sie erkannten ihn; dann sahen sie ihn nicht mehr.« (Lk 24,31)

7. Chaos in Korinth und ein »Herrenwort«

Wir hörten: Pessach ist ein Fest mit *besonderen Ritualen*. Diese bekräftigen den spezifischen Charakter des Festes: ein besonderes Mahl mit tief symbolischen Speisen (ungesäuertes Brot) und ebenso tief symbolischen Ess- und Trinkritualen. Nicht anders, wenn Christen zu ihrer Feier zusammenkommen. Dem Vorbild und Auftrag Jesu gemäß konzentrieren Christen alles auf das Deuten und Teilen des gebrochenen Brotes und das Deuten und Trinken des roten Weines.

Die Verwilderung des Herrenmahls und ein Herrenwort
Dass dies ein besonderer Ritus zu sein hat und nicht auf das Niveau von Bedürfnisbefriedigung zu reduzieren ist, macht ein *Konflikt* klar, den *Paulus* mit seiner Gemeinde in Korinth auszutragen hat. Er hat die Gemeinde dereinst gegründet, hat rund

18 Monate mit ihr gelebt. Er kennt sie gut und muss zu seiner Empörung erfahren, dass während seiner Abwesenheit Rücksichts- und Zügellosigkeiten eingerissen sind, als man zur »Feier des Herrenmahls« zusammengekommen ist. Das Gemeinschaftsgefühl zwischen den Gemeindemitgliedern ist offensichtlich abhanden gekommen. Wohlhabende hatten die von ihnen mitgebrachten Lebensmittel allein verzehrt ohne Rücksicht auf ärmere Mitglieder. Sie hatten sich den Bauch schon vollgeschlagen und sind schon »betrunken«, während andere noch hungern. So »demütigen« sie die, die »nichts haben« (1 Kor 11,22).

Paulus ist es in dieser Sache derart ernst, dass er dieser Verwilderung der Essens- und Mahlfeierkultur das Gericht Gottes androht und den Korinthern gegenüber den Auftrag Jesu persönlich einschärft:

> »[23] Denn ich habe vom Herrn empfangen, was ich euch dann überliefert habe: Jesus, der Herr, nahm in der Nacht, in der er ausgeliefert wurde, Brot, [24] sprach das Dankgebet, brach das Brot und sagte: Das ist mein Leib für euch. Tut dies zu meinem Gedächtnis! [25] Ebenso nahm er nach dem Mahl den Kelch und sprach: Dieser Kelch ist der *Neue Bund* in meinem Blut. Tut dies, sooft ihr daraus trinkt, zu meinem Gedächtnis! [26] Denn sooft ihr von diesem Brot esst und aus dem Kelch trinkt, verkündet ihr den Tod des Herrn, bis er kommt. [27] Wer also unwürdig von dem Brot isst und aus dem Kelch des Herrn trinkt, macht sich schuldig am Leib und am Blut des Herrn.« (1 Kor 11,23–27)

Dieser Text scheint zunächst den Eindruck zu erwecken, dass Paulus bei der Überlieferung des Abendmahlsgeschehens an einem Hinweis auf Pessach (ähnlich wie Johannes) nicht interessiert ist. Von einer »Nacht« der Auslieferung ist zwar die Rede, aber eben nicht explizit von der Pessachnacht. Das aber sollte nicht zu Kurzschlüssen verleiten, wie MARTIN HENGEL eindrucksvoll gezeigt hat. Denn *erstens* muss man den situativen Kontext der zitierten Passage berücksichtigen. Paulus legt hier weder (wie die Evangelisten) eine narrative Einbettung des Abendmahls in die Passionsgeschichte Jesu vor noch gibt er eine umfassende theologische Deutung des Abendmahls. Vielmehr versucht er, ganz gezielt und funktional skandalöse Umstände bei Mahlfeiern in einer konkreten Gemeinde autoritativ durch Berufung auf ein »Herrenwort« als der höchsten Autorität zu beseitigen.

Was heißt: »Christus als unser Passalamm geopfert«?
Dass aber – *zweitens* – Paulus und mit ihm die Christen in Korinth sehr wohl um den Pessachkontext von Jesu Tod gewusst haben müssen, geht aus einer anderen Stelle im selben Brief an die Korinther hervor. Wir wüssten davon wie im Fall des »Herrenworts« zum Abendmahl nichts, wenn Paulus nicht auch hier in einer konkreten Situation sehr grundsätzlich geworden wäre. Ihm ist ein Fall von »Unzucht« in der Gemeinde zu Ohren gekommen. Paulus reagiert darauf, indem er Bilder aus der jüdischen Festpraxis benutzt, Bilder, die sich auf das Fest der Ungesäuerten Brote beziehen:

> »Wisst ihr nicht, dass ein wenig Sauerteig den ganzen Teig durchsäuert? Schafft den alten Sauerteig weg, damit ihr neuer Teig seid. Ihr seid ja schon ungesäuertes Brot; denn als unser Paschalamm ist Christus geopfert worden. Lasst uns also das Fest nicht mit dem alten Sauerteig feiern, nicht mit dem Sauerteig der Bosheit und Schlechtigkeit, sondern mit den ungesäuerten Broten der Aufrichtigkeit und Wahrheit.« (1 Kor 5,6–8)

Mit MARTIN HENGEL wird man aus diesem Text zweierlei folgern dürfen. *Zum einen*, dass Paulus »die Korinther bei der Gemeindegründung über die jüdischen Bräuche gerade dieses Festes im Detail belehrt« haben muss, »sonst würden sie diesen Vergleich überhaupt nicht verstehen. Sie wissen, dass am Rüsttage zum Passafest, bevor die Lämmer geschlachtet werden, aller Sauerteig aus dem Hause geschafft werden muss, damit man dem Gesetz gemäß das Passamahl mit ungesäuertem Brot feiern kann. Auch der seine ganze ethische Argumentation christologisch begründende Satz: ›*denn unser Passalamm, Christus, ist geschlachtet*‹, ist in den Briefen des Neuen Testamentes einzigartig.«[59] *Zum anderen* kann die Anspielung auf »das Fest«, das es »nicht mit dem alten Sauerteig« zu feiern gilt, nur bedeuten, »dass das Passafest in der Gemeinde in Korinth in einer ›verchristlichten‹ neuen Form gefeiert wurde und dass Paulus dieselbe, während seines ca. 18 Monate dauernden Aufenthaltes in der Hauptstadt der Provinz Achaia, dort eingeführt hat. [...] Wie dem auch sei: Sicher würde Paulus nicht von Christus als dem geopferten Passalamm sprechen und zur *rechten* Feier auffordern, *wenn Christus nicht in der Zeit des Festes in Jerusalem hingerichtet worden wäre*. Zu den Zeitangaben in 1 Kor 11,23ff; 15,3f. tritt in diesem Brief durch 5,6–8 so noch eine dritte, die auch eine Ortsbestimmung einschließt: Die ›Nacht der Auslieferung‹ und der darauffolgende Tod Jesu lagen in der Passazeit und geschahen in *Jerusalem,* denn nur dort durften die Passalämmer im Tempel als Opfer geschlachtet werden.«[60]

8. Das Mahl stiftet Gemeinschaft

Wir hörten: Pessach ist ein *Familienfest.* Es stiftet Einheit, Identität und Kontinuität für ein Volk. Das kommt auch in der christlichen Eucharistiefeier zum Tragen, vor allem durch das *Symbol des einen Kelches*, aus dem alle trinken. Die jüdische Pessachfeier kennt kleine Becher für jeden Teilnehmer, die von Jesus vollzogene »Pessachfeier« offensichtlich gezielt und damit auf seine Weise symbolträchtig den einen Kelch für alle. Denn auf diese Weise findet der durch Jesus für die vielen ausgerufene »neue Bund« seinen symbolischen Ausdruck: Alle teilen dasselbe miteinander. »Trinkt alle daraus«, heißt es bei Matthäus (26,27), »und sie tranken *alle* daraus« bei Markus (14,23), »nehmt und teilt ihn [den einen Kelch] unter euch« bei Lukas (25,17). Damit hat auch das christliche Ritual nicht nur eine Memorial-Funktion (in die Tiefen der Geschichte), sondern auch eine Sozial-Funktion in die Breite des Raums. Es stiftet Gemeinschaft und damit Teilhabe am Schicksal untereinander. Auch das »christliche Pessach« ist eine *Feier wider die Vereinzelung*, Ausdruck einer Gemeinschaftskultur unter Christen aller Nationen, Kulturen und Rassen. Gerade der Völkerapostel Paulus, der Zeit seines rastlosen Lebens unermüdlich um die Einheit innerhalb der Gemeinden und der Gemeinden untereinander rang, hat uns auch in dieser Hinsicht ein mahnendes Wort hinterlassen, ebenfalls nachzulesen im ersten Brief nach Korinth: »Darum, liebe Brüder, meidet den Götzendienst! Ich rede doch zu verständigen Menschen; urteilt selbst über das, was ich sage. Ist der Kelch des Segens, über den wir den Segen sprechen, nicht Teilhabe am Blut Christi? Ist das Brot, das wir brechen, nicht Teilhabe am Leib Christi? Ein Brot ist es. Darum sind wir viele ein Leib; denn wir alle haben teil an dem einen Brot.« (1 Kor 10,14–17)

Was folgt aus all dem für die historische Frage?

9. In Treue zu Jesus

In der Tat folgt aus der Tatsache, dass die Synoptiker ganz direkt, aber auch Paulus zumindest indirekt Jesu Letztes Mahl als Passamahl betrachtet haben, noch nichts automatisch für die historische Frage, ob es tatsächlich auch so gewesen ist. Joseph Ratzinger hatte denn auch, wie wir hörten, die johanneische Darstellung von Passion und Sterben Jesu präferiert, und dies nicht nur aus theologischen, sondern auch aus historischen Gründen. Ohne freilich die Frage zu diskutieren, wie dann zum Bespiel die Synoptiker zu ihrer Zuschreibung des Letzten Mahles Jesu als Passamahl gekommen sein sollen. Haben sie sie erfunden? Haben sie aus eigenen Interessen etwas konstruiert, was von Jesus selbst gar nicht gedeckt ist? Haben sie sich 40/50 Jahre nach Jesu Tod eine beliebige Freiheit gestattet?

In dieser Frage scheint mir folgende Argumentation plausibel:

1. Keiner der Evangelienberichte ist ein Protokoll von historischen Vorgängen. Alle sind durch die jeweiligen Theologien, Adressatenkreise und Verkündigungsabsichten geprägt. Aber der jeweilige Prägungsgrad ist durchaus verschieden und erlaubt so in der Abwägung auch unterschiedliche Urteile hinsichtlich der historischen Wahrscheinlichkeit des jeweils Berichteten.

2. Dass im Evangelium des Johannes die »Historie« erkennbar in einem ungleich höheren Grad als bei den Synoptikern von der Theologie des Evangelisten »überformt« wurde, haben wir bereits vermerkt. Ja, diese Überformung geht so weit, dass der Evangelist Johannes aus seinen theologischen Interessen heraus auf die Einsetzung eines eigenen letzten Mahles zum Gedenken an Jesus sogar verzichten kann. Entsprechend kann

er von einem Bericht über ein Letztes Mahl Jesu als Stiftungsmahl absehen.

3. Die Synoptiker direkt und Paulus indirekt dagegen berichten von einem Letzten Mahl Jesu und stellen es in den Rahmen des jüdischen Pessachfestes. Und sie schildern es so, dass es prägende Autorität für ihre Gemeinden hat. Diese Autorität aber haben sie von niemand anderem ableiten können als von Jesus selbst. Ist es denkbar, dass Lukas mit seinem Abendmahlsbericht in seiner Gemeinde Gehör hätte finden können, wenn er ein Passamahl erfunden hätte? Wie hätte dann wohl ein Satz wie dieser auf seine Adressaten gewirkt: »Ich habe mich sehr danach gesehnt, vor meinem Leiden dieses Paschamahl mit euch zu essen.« (Lk 22,15)? Hätten solche Sätze Glaubwürdigkeit, wenn man in den entsprechenden Gemeinden nicht voll davon überzeugt gewesen wäre, dass Jesus genau das gesagt und gemeint hat? Oder Paulus: Hätte er seinen Korinthern gegenüber mit einem »Herrenwort« so auftreten können, um sie zur Ordnung zu rufen, hätte er von »altem Sauerteig«, »ungesäuertem Brot« und von »Passalamm Christus« reden können, wenn er nicht vorher glaubwürdig gemacht hätte, dass das im Sinne Jesu war? Woraus folgt:

4. Warum sollen insbesondere die drei Evangelisten ein Pessachmahl Jesu erfinden, wenn es nicht auf Jesus selbst zurückgeht? Sie sprechen ja alle drei in der Rückschau von Jahrzehnten über diese besondere Nacht in Jerusalem und zwar weitgehend für nichtjüdische Adressaten. Wenn es Jesus wirklich um etwas ganz »Neues« gegangen wäre, um das »neue Pascha«, das er als »sein Pascha« gestiftet hat (so Ratzinger), wäre es ein Leichtes gewesen, den Verweis auf das jüdische Pessachfest gänzlich wegzulassen, wie es Johannes später dann auch tun wird.

5. Nur ihre Treue zu Jesus erklärt, warum sie an dieser Überlieferung festhalten und ihr, wie wir hörten, einen tiefen Sinn aus der Geschichte Gottes mit seinem Volk Israel geben. Und zwar so, dass der nach dem Vorbild des leidenden Gottesknechtes vollzogene Pascha-Opfertod Jesu »für die vielen« als neues Rettungs-, Befreiungs- und Hoffnungszeichen in die Geschichte Gottes mit seinem Volk Israel eingeordnet werden kann. Sie hat mit dem Exodus aus Ägypten ihren Anfang genommen, im Bundesschluss vor dem Sinai ihre Ordnung bekommen und wird sich dem endzeitlichen Urteil im Reiche Gottes zu stellen haben.

10. Pessachmahl und Abendmahl gehören zusammen

Der von Jesus in seinem Blut gestiftete »neue Bund« ersetzt somit nicht den »alten Bund« Gottes mit Israel, deutet das »alte Pascha« nicht zuende, so dass es aus der Erinnerung genauso gut verschwinden könnte. Vielmehr eröffnet er ein neues Kapitel in der Bundesgeschichte Gottes mit seinem Volk, in die nun auch Nichtjuden, sofern sie an Jesus als den Messias glauben, einbezogen sind. Gerade jüdische Gelehrte haben das hervorgehoben. So der große Rabbiner LEO BAECK (1873–1956), der schon früh in seiner Werkgeschichte die tiefe Verwurzelung der ersten christlichen Gemeinden im Judentum betont und vor diesem Hintergrund den Zusammenhang von Passa- und Abendmahl hervorgehoben hat: »Die Sitte, in der sich das ›Herrenmahl‹, das Abendmahl gestaltet hat, ist, ehe sie unter dem Einfluss hellenistischer Mysterien ihren sakramentalen Charakter erhielt, etwas, was im Jüdischen seinen Platz hat und nur aus ihm heraus verstanden werden kann. Sie war zunächst nichts anderes als ein messianisches Gedenken in der Pessach-Haggada; denn da diese die messianische Zuwendung auch aussprach, so war es ein Gegebenes, dass die Anhänger Jesu, die auf sein Wiederkehren hoffen, ihn hier nannten, ›des Todes des Herrn gedachten, bis er wiederkommt‹ (1 Kor 11,26).«[61] Noch in seiner letzten großen Rede vor seinem Tod unter dem programmatischen Titel »Judentum, Christentum und Islam« (1956) kommt Baeck auf das Zusammensein Jesu mit den Seinen am Sederabend zu sprechen: »Wenn Menschen zusammenkamen, wenn Kiddusch gemacht wurde und der Segen über das Brot, Mauzi, gesprochen wurde, dann gedachten sie seiner, erzählten, wie er am Sederabend den Segen, die Brochoh, über Wein und Brot gesprochen und was er gesprochen habe. So lebte es weiter, und alle, die an ihn glaubten, waren Juden und blieben Juden.«[62]

Ähnlich der ebenfalls um den jüdisch-christlichen Dialog hochverdiente jüdische Publizist SCHALOM BEN-CHORIN (1913–1999), der 1985 eine eigene »Narrative Theologie des Judentums anhand der Pessach-Haggada« vorgelegt hat. Er weiß, dass sich an der Frage der »Ortung des Abendmahls« immer noch die Geister scheiden: »Zahlreiche christliche Theologen vertreten die These, dass Jesu Letztes Abendmahl kein Passah-Mahl war.« Er, Ben-Chorin, aber hofft, auf Grund seiner Untersuchungen und Darlegungen »einsichtig gemacht zu haben, dass das Letzte Abendmahl Jesu zweifellos eine Seder-Feier, ein Passah-Mahl, darstellte.«[63] Doch schon in seinem Jesusbuch aus dem Jahr 1967 unter dem von Martin Buber entlehnten Titel »Bruder Jesus. Der Nazarener aus jüdischer Sicht« hatte Ben-Chorin zu unserem Thema geschrieben: »Dies tut zu meinem Gedächtnis.‹ Dabei ist es Jesus […] nicht in den Sinn gekommen, die Passah-Feier, das Seder-Mahl, abzuschaffen. Davon ist gar keine Rede. Die Seder-Feier durch die vom Datum des 14. Nisan völlig unabhängig gewordene Feier des Abendmahls, die

Eucharistie, zu verdrängen, liegt Jesus fern; vielmehr geht die Tendenz dahin, diesem Mahl der Erinnerung an den Auszug aus Ägypten die Erinnerung an die eigene Opfertat hinzuzufügen, hier zu einer Synthese im Akte des Sikkaron, der heiligen Erinnerung, zu gelangen.«[64]

Für Christen folgt daraus: Die Erinnerung an die Bedeutung des Pessachfestes bleibt unverzichtbar für das Verständnis ihrer eigenen Befreiungsgeschichte. Juden und Christen sind hier untrennbar aufeinander verwiesen, denn ohne diesen Deutungsraum wäre ihre eigene Gedächtnisfeier buchstäblich wurzellos. Der Tübinger Exeget PETER STUHLMACHER hat in seinem schon zitierten ersten Band seiner »Biblischen Theologie des Neuen Testaments« (1992) dazu Eindringliches vorgetragen. Für ihn steht außer Frage, dass Jesu Letztes Mahl ein Pessachmahl gewesen ist, unter anderem auch deshalb, weil sich dieses Mahl von den vielen anderen Mahlzeiten unterschied, die Jesus im Verlauf seines öffentlichen Wirkens mit seinen Anhängern, ja auch »mit Zöllnern und Sündern« (Mk 2,16; Mt 9,10f.) eingenommen hatte. Gewiss steht gerade in den Evangelien der Synoptiker das Letzte Mahl Jesu im Rahmen der Mahlzeiten und Tischgemeinschaften, die charakteristisch für Jesus waren. MICHAEL HAARMANN hat darauf zu Recht noch einmal hingewiesen und das Entscheidende hervorgehoben. »Es waren messianische Mahlzeiten des anbrechenden Reiches Gottes, bei denen Jesus als der Messias sich mit Zöllnern und Sündern an einen Tisch gesetzt hat (Mk 2,13–17), Brot und Fische unter 5000 bzw. 4000 Menschen geteilt hat, so dass alle satt wurden – wie zur Zeit der Wüstenwanderung die Israeliten durch das Manna Gottes satt geworden sind. Auch das Gleichnis von der königlichen Hochzeit (Mt 22,1–14; Lk 14,15–24) steht in dieser Reihe und weist auf die Hineinnahme der Menschen vom Rande der Gesellschaft, ›von den Wegen und Zäunen‹ (Lk 14,23), in die Mitte der Mahlgemeinschaft des Reiches Gottes (Lk 14,15).«[65]

Doch für das Letzte Mahl Jesu mit den Seinen wird man mit PETER STUHLMACHER sagen müssen: »Seit Bestehen der Kirche bestimmt sich die Feier des Herrenmahls nicht in erster Linie von Jesu symbolischen Tischgemeinschaften mit Zöllnern und Sündern oder von der zeichenhaften Speisung des Gottesvolkes her (vgl. Mk 6,34–44; 8,1–8 Par), sondern von Jesu Mahlhandlung ›in der Nacht, da er (von Gott) ausgeliefert wurde‹ (1 Kor 11,23 vgl. mit Röm 4,25) aus. Die der feiernden Gemeinde in 1 Kor 11,24f. und Lk 22,19 ausdrücklich anbefohlene *anamnesis* [Erinnerung] entspricht dem Auftrag von Ex 12,14; 13,3.8; Dtn 16,3, bei der Feier des Passa der Rettungsgeschichte Israels zu gedenken, und stellt das christliche Pendent zu Mischna Traktat ›Pessachim‹ (10,5) dar: In der Herrenmahlsanamnese führt die christliche Gemeinde (als Vorhut des neuen Gottesvolkes) das Gedächtnis der Rettungsgeschichte Israels fort und erweitert es um Jesu Passion. Sie übt diese *anamnesis* unter dem Gebot des *maranatha* (= Unser Herr, komm!) bis zum Tage der Parusie (1 Kor 11,26). Von Ostern her auf Jesu Sendung, Passion und Auferweckung zurückschauend, nimmt die Gemeinde noch einmal teil an Jesu Abschiedsmahl und den Ereignissen der Auslieferungsnacht. Sie wird auf diese Weise ihres heilgeschichtlichen Standortes auf dem Weg des Gottesvolkes vom Sinai zum endzeitlichen Zion gewiss und in ihrer Hoffnung auf die Parusie gestärkt.«[66]

Was immer somit sich in der Frömmigkeits- und Liturgiegeschichte »angelagert« hat, es kann keine Gründonnerstagsfeier von Christen geben, die nicht zugleich eine Wertschätzung der jüdischen Pessachfeier wäre. Was immer sich als »Messe« kirchengeschichtlich als eigene »Komposition« herausgebildet hat, es kann keine christliche Eucharistiefeier zur Erinnerung an den Juden Jesus geben mit dem Rücken zum Judentum, mit der kalten Schulter, die so tut, als brauche man die großen Überlieferungen Israels nicht mehr, weil man jetzt sein eigenes, sein verchristlichtes Pascha hat, welches das alte angeblich zu seinem »wirklichen Sinn geführt« hat und das deshalb die »alten Riten« ersetzen kann. Dabei ist ja selbst in einer katholischen Messe eine buchstäblich blasse, sehr blasse Erinnerung an das Mazzotfest übrig geblieben. Man verwendet als »Leib Christi« Hostien, die nichts anderes sind als ungesäuertes Brot, Mazzen, wie sie bis heute während des großen Pessach-Mazzot-Festes Verwendung finden. Wenigstens auf diese zugegeben »blasse« Weise bleibt in der Kirche die Erinnerung an die Nacht des Exodus aus Ägypten und das »Fest der Ungesäuerten Brote« erhalten.

Aber Christen sind beim Eingedenken der großen Abendmahls-Überlieferungen nicht nur mit Juden, sie sind auch mit Muslimen verbunden. Wie weit und wie genau zeigt eine Passage im Koran, die wir jetzt als dritten Komplex in den Blick nehmen wollen. Man kennt sie unter dem Namen »Tischsendung vom Himmel« und trifft auf sie am Ende von Sure 5, der Sure, die von dieser Szene her ihren Titel trägt: in der Sure »Der Tisch«.

VI. DAS ABENDMAHL JESU IM KORAN?
ZU SURE 5,112–115

Bevor wir auf den uns besonders interessierenden Text in Sure
5,112–115 eingehen, muss das Nötigste zum Makro- und Mik-
rokontext der Stelle gesagt sein. Sure 5 gilt als die chronologisch
letzte Sure im Koran, was bedeutet: Die Grundbotschaft dieses
Buches ist in über 100 Suren längst entfaltet. Auch zum christlichen Figurentableau, zu Johannes (dem christlichen »Täufer«),
Jesus und Maria ist Entscheidendes im Koran bereits gesagt.

1. Der Koran über Jesu Anfang und Ende

Was Jesus angeht, so hatte sich der Koran bisher vor allem zum
Anfangs- und Endpunkt seines Lebens geäußert. Im Blick auf
den Anfang spricht der Koran von einer Geistsendung (Sure
19,17) oder Geisteinhauchung (Sure 66,12) und damit auch von
einer Jungfrauengeburt. Über die Geburt Jesu und deren wundersame Umstände wird sogar in zwei Suren relativ ausführlich
berichtet: in Sure 19,16–35 und Sure 3,45–48, und zwar im Kontext von Aussagen über die Geburt und das Wirken des Johannes (Sure 19,2–15) sowie über die Geburt und die Kindheit Marias (Sure 3,35–44). Ich habe dies in meinem Buch »Weihnachten
und der Koran« (2008) ausführlich dargestellt.

Im Blick auf das Ende von Jesu Leben weist der Koran in
Sure 4,157–159 eine Kreuzigung Jesu ab und affirmiert stattdessen zunächst eine temporäre Erhöhung Jesu zu Gott (4,158)

oder am Ende von Jesu Leben seine endgültige Entrückung (3,55). Außerdem wendet sich der Koran immer wieder dagegen, Jesus als Sohn Gottes (2,116; 4,171; 9,30f.; 19,35) oder als göttliche Person der Trinität (4,171; 5,73) zu begreifen. Er vermeidet damit alle »christologischen« Aussagen, Aussagen also, die Jesus eine heilsgeschichtlich zentrale Rolle zuschreiben. Stattdessen betont der Koran stets aufs Neue: Jesus ist der »Sohn Marias« (4,157.171; 5,110.114; 19,34) und *zugleich* »Gesandter *Gottes*« (4,157.171), »Diener *Gottes*« (4,172; 43,59) »Wort *Gottes*« (3,45; 4,171), »Zeichen *Gottes*«, ausgestattet mit dem »Geist der Heiligkeit« (2,87.253), »Geist von *Gott*« (4,171). Der Akzent liegt hier jedes Mal auf »Gott«, sind doch diese Aussagen des Koran gerade nicht christologisch, sondern streng theozentrisch zu verstehen.

2. Der Koran über Jesu Wundertaten

Von Verkündigung und Praxis Jesu dagegen erfahren wir im Koran nicht viel – mit Ausnahme von Sure 3. Unmittelbar nach der hier geschilderten Geburt legt der Koran Jesus dieses Wort in den Mund:

> »Ich habe euch ein Zeichen von eurem Herrn gebracht: Ich schaffe euch aus Ton etwas in der Gestalt eines Vogels, da blase ich darauf und es ist ein Vogel – mit Gottes Erlaubnis –, ich heile den Blinden und den Aussätzigen, schenke den Toten Leben – mit Gottes Erlaubnis – und tue euch kund, was ihr esst und in euren Häusern speichert –
> Darin ist für euch ein Zeichen, falls ihr glaubt.« (Sure 3,49)

Bemerkenswert ist an dieser Reihung der Taten Jesu ein Doppeltes:

1. Die *Parallelen zu neutestamentlichen Überlieferungen* sind mit Händen zu greifen. Etwa zum Lukasevangelium:

> »[17] Jesus stieg mit ihnen den Berg hinab. In der Ebene blieb er mit einer großen Schar seiner Jünger stehen, und viele Menschen aus ganz Judäa und Jerusalem und dem Küstengebiet von Tyrus und Sidon [18] strömten herbei. Sie alle wollten ihn hören und von ihren Krankheiten geheilt werden. Auch die von unreinen Geistern Geplagten wurden geheilt. [19] Alle Leute versuchten, ihn zu berühren; denn es ging eine Kraft von ihm aus, die alle heilte.«(Lk 6,17–19)

Parallelen auch zu »Wundern« wie *Blindenheilung* (Mt 12,22) und *Totenerweckung* (Joh 11,39–44). Auch findet das in Sure 3,49 erwähnte *Vogelwunder* (Belebung eines Tonfabrikats) eine »christliche« Parallele, zwar nicht im Neuen Testament, wohl aber in der außerkanonischen Literatur: in der sogenannten »Kindheitserzählung des Thomas«.[67] Nach dieser Geschichte hat der Knabe Jesus, an einem Bach spielend, zwölf Spatzen-Figuren aus weichem Lehm geformt, dies aber an einem Sabbat getan, was bei Juden Anstoß erregt. Von seinem Vater zur Rede gestellt, klatscht der kleine Jesus in die Hände, die Spatzen werden lebendig und fliegen »mit Geschrei« davon.

2. Diese Szene macht zugleich die *entscheidende Differenz* zwischen der islamischen und der christlichen Wunder-Überlieferung deutlich. In der christlichen ist es Jesus selbst, der aus sich heraus die Kraft zu den genannten Wundertaten hat. Der Koran dagegen betont stets die »göttliche Lizenz«, mit deren Hilfe Jesus agiert. In Sure 3,49 ist nicht zufällig zweimal ausdrücklich von einer »Erlaubnis Gottes« die Rede, mit der Jesus

seine außerordentlichen Taten vollbringt. Einmal mehr zeigt sich auch an diesem Beispiel die Differenz zwischen Christozentrik und Theozentrik im Blick auf die Figur Jesu. Die Taten Jesu unterstreichen nicht seine eigene, sondern die Schöpfermacht Gottes.

3. Eine kleine Summe des koranischen Jesusbildes

Aussagen über eine Praxis Jesu also sind eher selten im Koran. Umso bemerkenswerter ist, dass Sure 5 darauf noch einmal zurückkommt und zwar hier jetzt nicht als Jesus-, sondern sogar als Gottesrede:

109 Am Tag, da Gott die Gesandten versammelt und sagt:
»Was hat man euch geantwortet«?
Sie sagen:
»Wir wissen nichts. Du bist es, der die verborgenen Dinge weiß.«
110 Als Gott sagte:
»Jesus, Sohn Marias, gedenke meiner Gnade dir und deiner Mutter gegenüber, als ich dich mit dem Geist der Heiligkeit stärkte, so dass du zu den Menschen in der Wiege und als Erwachsener sprachst, als ich dich die Schrift, die Weisheit, die Tora und das Evangelium lehrte, als du mit meiner Erlaubnis aus Ton etwas in der Gestalt einer Vogels erschufst, dann darauf bliesest und es ein Vogel wurde mit meiner Erlaubnis, als du mit meiner Erlaubnis den Blinden und den Aussätzigen heiltest und die Toten herausbrachtest mit meiner Erlaubnis, als ich die Kinder Israels von dir abhielt, als du ihnen die kla-

ren Zeugnisse brachtest und die unter ihnen, die
ungläubig waren, sagten:
›Das ist deutlich nur Zauber‹,

und als ich den Jüngern offenbarte:
›Glaubt an mich und meinen Gesandten!‹
Sie sagten:
›Wir glauben. Bezeuge, dass wir gottergeben
sind.‹« (Sure 5,109–111)

Dieser Text kann als kleine Summe des koranischen Jesusbildes betrachtet werden. Vers 109 schlägt das *Leitmotiv* des gesamten folgenden Abschnitts an: Gottes Gesandte, *zum Endgericht versammelt,* haben keine Kenntnis über den Ausgang ihrer Mission. Sie »wissen nichts« und vertrauen sich ganz Gott an, der allein »die verborgenen Dinge« kennt. Das trifft auch für Jesus zu, obwohl er, wie der gleich folgende Abschnitt deutlich macht, von Anfang seines Lebens an unter der »Gnade« Gottes gestanden hat. Wie in einer kleinen Summe fasst der Koran jetzt diese Gnadengabe Gottes für Jesus zusammen:

– Die *erste Aussage* bezieht sich auf die Ereignisse rund um Jesu Geburt: Geistbegegnung und Geisteinhauchung bei Maria und Sprechvermögen Jesu schon als Wiegenkind, wie es in den Suren 19,17, 66,12 und 19,29 erwähnt wird.

– Die *zweite Aussage* fasst das an »Wundertaten« Jesu noch einmal zusammen, was wir aus Sure 3,49 bereits kennen. Akzent auch hier: Gottes »Erlaubnis«.

– Die *dritte Aussage* (»die Kinder Israels abhalten«) nimmt Sure 4,157 auf: die Bewahrung Jesu vor dem Schandtod am Kreuz, der ihm von Juden aufgezwungen werden sollte.

– Die *vierte Aussage* legt Wert darauf, dass die Jünger Jesu bereits als »Gottergebene« bezeichnet werden können, als »Muslime« vor dem Islam.

4. Gottes Sendung eines Himmelstisches: Was klar ist

Aus diesem Glaubensverständnis heraus gewinnt die nun folgende Bitte der Jünger an Jesus ihre Plausibilität und Legitimität. Wir erreichen damit die Stelle, die uns für unser Thema interessieren muss:

112 Als die Jünger sagten:

>>Jesus, Sohn Marias, kann dein Herr uns einen Tisch vom Himmel herabsenden?«

Er sagte:

>>Fürchtet Gott, falls ihr glaubt!«

113 Sie sagten:

>>Wir wollen davon essen, dass unser Herz Ruhe finde, wollen wissen, dass du uns die Wahrheit gesagt hast, und wollen zu denen gehören, die dies bezeugen.«

114 Jesus, der Sohn Marias, sagte:

>>O Gott, unser Herr, sende uns einen Tisch vom Himmel herab, der uns ein Fest sei, den Ersten wie den Letzten, und ein Zeichen von dir! Versorge uns!

Du bist der beste Versorger.«

115 Gott sagte:

>>Ich sende ihn euch hinab. Wer dann unter euch noch ungläubig ist, den strafe ich wie sonst niemand in aller Welt.«

116 Als Gott sagte:

>>Jesus, Sohn Marias, hast du etwa zu den Menschen gesagt:

›Nehmt euch außer Gott noch mich und meine Mutter zu Göttern?‹«

Er sagte:

»Gepriesen seist du! Es kommt mir nicht zu, etwas zu sagen, wozu ich kein Recht habe. Wenn ich es gesagt hätte, dann wüsstest du es. Du weißt, was in mir ist. Ich aber weiß nicht, was in dir ist.

Du bist es, der die verborgenen Dinge weiß.

[117] Ich habe ihnen nur gesagt, was du mir geboten hast: ›Dient Gott, meinem und eurem Herrn!« (Sure 5,112–117)

Eine wahrhaftig nicht leicht zu deutende Passage. Ohne Vorbereitung scheint sie plötzlich einzufallen, diese Rede von einem Himmelstisch. Und die Deutungen dieser Passage sind denn auch höchst verschieden. Wir werden gleich darüber berichten. Immerhin ist die Szene über die Sendung eines Tisches vom Himmel so wichtig, dass die gesamte Sure 5 von ihr her ihr »Stichwort« bekommen hat: die Sure »der Tisch« (arab.: *al-ma'ida*). Halten wir zunächst fest, was unbestreitbar ist:

1. Da ist zunächst die *klare Struktur des Textes*. Sie folgt einem strengen »hierarchischen« Aufbau. Frage und Bitte werden gewissermaßen von unten nach oben weitergereicht:
– zuerst die Frage der Jünger an Jesus,
– dann eine Bedingung, die Jesus stellt,
– dann Jesu Bittgebet an Gott,
– gefolgt von Gottes Gewährung der Bitte mit Strafandrohung,
– schließlich wird das Ganze abgerundet mit einem kleinen Dialog Gott – Jesus über die rechte Gottesrede: Keine Göttlichkeit für Jesus und dessen Mutter.

2. Klar ist auch, dass die Bitte der Jünger um Herabsendung eines Tisches vom Himmel im Zusammenhang mit der *Frage nach ihrer Gottergebenheit* steht. Offenbar sind die Jünger im Glauben doch nicht so gefestigt, wie sie soeben noch vorgegeben haben (5,111). Sie zweifeln offenbar trotz allem an Anspruch und Sendung Jesu, anders würden sie kaum ein *Beglaubigungszeichen* verlangen. Bezieht sich ihr Zweifel aber auf Gott oder auf Jesus? In den klassischen Korankommentaren des Islam ist dies im Anschluss an Sure 5,112 (»Jesus, Sohn Marias, kann dein Herr uns einen Tisch herabsenden?«) erörtert worden: etwa bei AT-TABARI (gestorben 922 n. Chr.), AZ-ZAMAKHS-CHARI (gest. 1144) oder AR-RAZI (gest. 1210).

MUHAMMAD ASAD hat in seinem Korankommentar von 1980, einem der einflussreichsten in der zweiten Hälfte des 20. Jahrhunderts, die Diskussion unter den klassischen Korankommentatoren zusammengefasst: »Die entscheidenden Worte in der allgemein anerkannten Lesart des Qur'an sind *hal yastati' rabbuka* mit der Bedeutung ›kann dein Erhalter‹ oder ›könnte dein Erhalter‹ oder ›ist dein Erhalter fähig‹. Da diese Lesart oberflächlich betrachtet ja einen grundsätzlichen Zweifel an Gottes Macht, alles zu tun, was Er will, implizieren würde (eine Anschuldigung, die damit unvereinbar ist, dass die Jünger Jesu im Qur'an als standhafte Gläubige beschrieben werden) verstehen die meisten Kommentatoren die Frage der Jünger im Sinne einer Bitte wie etwa, wenn eine Person eine andere fragt: ›Könntest du mit mir gehen?‹, wobei darin nicht ein Zweifel an des anderen *Fähigkeit* zu gehen zum Ausdruck kommt, sondern vielmehr eine Ungewissheit hinsichtlich seiner *Willigkeit,* es zu tun (vgl. dazu Tabari, Baghawi, Razi, Raghib; sowie *Manar* VII, 250ff.). Wir haben jedoch sichere Belege dafür, dass mehrere der herausragendsten Gefährten des Propheten […] die in Frage stehenden Worte in der Schreibung *hal tastati' rabbaka* lasen, was übertragen werden könnte mit ›Könntest du deinen Erhalter dazu bewegen?‹ (Tabari, Zamakhschari, Baghawi, Razi, Ibn Kathir): eine Lesart, welche die Ungewissheit der Jünger hinsichtlich der Fähigkeit (im spirituellen Sinn dieses Wortes) *Jesu* impliziert, die obige Bitte an Gott zu richten. So wird von Aischa berichtet, dass sie sich weigerte, die gängige Lesart *hal yastati' rabbuka* (›kann‹ oder ›könnte dein Erhalter‹) zu akzeptieren, und sagte: ›Die Jünger Jesu hüten sich davor, zu fragen, ob Gott alles tun kann: sie fragten (Jesus) lediglich: ›Bist du fähig, deinen Erhalter zu bitten?‹ (Razi). Zudem teilte Muadh ibn Dschabal nach einer in *Mustadrak* angeführten authentischen Überlieferung unzweideutig mit, dass der Prophet selbst ihn die Lesart *hal tastati' rabbaka* (›Könntest du deinen Erhalter dazu bewegen?‹) gelehrt hat. Meiner Meinung nach sprechen die Belege für diese zweite Alternative; aber angesichts der verbreiteteren Lesart habe ich die Wendung wie oben übertragen: ›O Jesus, Sohn der Maria! Könnte dein Erhalter zu uns ein Mahl vom Himmel herabsenden?‹«[68]

Jesus scheint an dieser Stelle das Verlangen der Jünger nach Beglaubigung durch ein Zeichen auch sofort zu durchschauen, denn er weist dieses Ansinnen zunächst ab und insistiert auf »Gottesfurcht«, »falls« die Jünger glauben. Distanz auf Seiten Jesu ist spürbar, die sich erst auflöst, als die Jünger glaubhaft versichern, dass sie mit diesem Zeichen »bezeugen« wollen, dass Jesus ihnen »die Wahrheit gesagt« habe. Das »Ruhe finden« (5,113) dürfte also in diesem Sinn zu verstehen sein: Beruhigung der Unruhe, der Zweifel im Herzen der Jünger über die ihnen von Jesus gesagte »Wahrheit«, das heißt über Jesu Sendung, mit dem Ziel, dass die Jünger im Glauben vollends gefestigt werden. Es ist so wie bei einem Parallelfall im Koran. In Sure 2 bittet *Abraham* Gott, ihn sehen zu lassen, wie er, Gott, »den Toten Leben« schenke, worauf Gott sichtlich erstaunt zurückfragt, ob er, Abraham, denn nicht glaube. Und Abraham antwortet exakt so wie die Jünger Jesu in Sure 5: »Gewiss doch, aber mein Herz soll Ruhe finden.« (Sure 2,260)

3. Klar ist schließlich, dass der *Tisch vom Himmel* je nach Perspektive der Sprechenden eine unterschiedliche Bedeutung hat. Die Jünger (und dann auch Jesus) erbitten *von Gott* ganz offensichtlich einen *Tisch mit Speisen*, der schon im Himmel bereit stehen muss, so dass er »vom Himmel herab« gesandt werden kann:

– Den *Jüngern* geht es bei diesem Tisch offensichtlich um ein Gemeinschaftsmahl (»*Wir* wollen von ihm *essen…*«) mit der Absicht, »Ruhe« und damit die Gewissheit zu finden, dass Jesus ihnen »die Wahrheit« gesagt hat, die sie (dann) »bezeugen« wollen.

– Für *Jesus* ist der »Tisch vom Himmel« ganz offensichtlich ein Tisch für ein »Fest« und zwar zunächst für sich und die Jünger (»sende *uns*«, »*uns* ein Fest«), aber so, dass über diesen Kreis hinaus auch die »Ersten wie die Letzten« daran »versorgt« werden können – als ein »Zeichen« dafür, dass Gott »der beste Versorger« ist. Wobei die Wendung »Erste und Letzte« wohl zeitlich im Sinne von »für den ersten und den letzten von uns« zu verstehen und somit über den Jüngerkreis hinauszielt, folglich »auf die Abfolge von Generationen zu beziehen«[69] ist.

– Für *Gott* bleibt der Tisch unbestimmt. Er ist weder ein Ort der Ruhe noch der eines Festes. Das »Wunder« wird zugesagt, aber nicht erzählt, doch wird die Zusage mit der Drohung versehen, dass diejenigen unerhörte Strafe trifft, die dann immer noch ungläubig bleiben.

Eine seltsame, in der Deutung schwierige Stelle in der Tat, insbesondere Sure 5,114, zumal sie ganz unvermittelt auftaucht und in Aussagereihen über Jesus eingeschoben werden: in die vorausgehende kleine Summe von Jesu Taten (5,110f.) und in die nachfolgende kleine Summe richtiger Gottesrede Jesu (5,116f.). Schwierig auch deshalb, weil wir hier in dieser Passage Parallelen zu unterschiedlichen biblischen Überlieferungen erkennen können, ohne dass eine dominieren und den Schlüssel zu einer plausiblen Gesamtdeutung bilden würde. Die entscheidende Frage ist: Was genau ist unter dem von Gott auf Bitten Jesu aus dem Himmel gesandten (Speise-)Tisch zu verstehen, ein Tisch, an dem die Jünger essen wollen, damit ihr Herz Ruhe findet hinsichtlich der Frage, ob Jesus ihnen »die Wahrheit« gesagt hat und der für Jesus, die Seinen und die folgenden Generationen ein Fest ist?

5. Der Himmelstisch: unterschiedliche Deutungen

Man kann sich auf den Standpunkt stellen, dass eine »Erörterung der traditionsgeschichtlichen Wurzeln der Tischszene« überflüssig ist, weil damit »ihre eigentliche Bedeutung im Koran leicht übersehen« werde, so der finnische Neutestamentler HEIKKI RÄISÄNEN in einer vielbeachteten Studie zur »Theologie des Koran« unter dem Titel »Das koranische Jesusbild« von 1971. Entsprechend ist für Räisänen »die Intention der Tischszene« relativ einfach: »Es handelte sich eben um ein Mirakel, und zwar um ein so großes, dass die Ungläubigen dann auf unerhörte Weise bestraft werden mussten. Also sind die Wundertaten Jesu ebenso wie die der anderen Gesandten Beglaubigungszeichen, die der Gesandte mit Gottes Erlaubnis bringt. Sie wollen unterstreichen, dass auch die Botschaft des Gesandten von Gott kommt und also geglaubt werden muss. Die Geschichte zeigt jedoch, dass die Zeichen die Menschen nicht zu glauben bewogen haben; damit begründet Mohammed die Tatsache, dass er selber keine Wunder wirkt.«[70] Eine solche Deutung leuchtet im Grundsatz ein, drückt sich aber um ein Verstehen gerade des Hauptmotivs in unserem Text: des Speisetisches vom Himmel.

In der neueren muslimischen und nichtmuslimischen Auslegungsgeschichte wurden verschiedene Möglichkeiten erwogen, durch alt- und neutestamentliche Parallelmotive etwas mehr Klarheit in das noch Unklare zu bringen.[71] Für manche Ausleger liegen auch Motivkombinationen vor. Gefragt wurde:

Parallele zum Speisungswunder der 5000?

Erstens: Liegt mit der Erwähnung von »Speisetisch«, »Fest« und »Versorgung« eine Anspielung vor auf die in den Evangelien erzählten Berichte von der *Speisung der 5000 bzw. 4000 Menschen* durch eine wunderbare Brot- und Fischvermehrung: Mk 6,30–44; 8,1–10 und Mt 14,15–21; 15,32–39? Von islamischer Seite hat neulich der iranische Gelehrte MEHDI BAZARGAN darauf hingewiesen: »Das Wort *ma'ida* (›Tisch‹), das der Sure ihren Namen gegeben hat, verweist auf die Speisung, die die Jünger sich als Beweis der Behauptungen Jesu gewünscht hatten und der auf wundersame Weise zu ihnen gesandt wurde. Die Geschichte wurde in dieser [koranischen] Form nicht in den Evangelien überliefert, aber im Matthäus-, Markus- und Lukas-Evangelium finden wir das letzte Abendmahl Jesu mit seinen Jüngern einen Abend vor seiner Kreuzigung. In dieser Geschichte teilte er das Brot in mehrere Teile, segnete es und sagte ihnen, sie sollten es als Teil seines Körpers annehmen. Im Matthäus-Evangelium wird eine Speisung von einigen tausend Geheilten dargestellt, die nicht gegessen hatten und die durch ein Wunder Jesu alle mit sieben Broten und einigen Fischen satt wurden und in ihre Häuser zurückkehrten.«[72] Womit Bazargan auf die zweite Brotvermehrung Jesu in Mt 15,32–39 anspielt und die hier berichtete wundersame Speisung der »4000 Männer« aus sieben Broten und zwei Fischen. Zuvor hatte Matthäus schon einmal von einer wundersamen Brotvermehrung durch Jesus berichtet: Mt 14,13–21. Jesus hatte hier »5000 Männer« mit »zwei Broten und fünf Fischen« derart satt gemacht, dass die Reste noch in »zwölf Körbe« passen.

Von christlicher Seite hat der katholische Neutestamentler JOACHIM GNILKA zur Deutung des koranischen Speisetisches auf diese Speisung der 5000 bei Matthäus verwiesen. Sie findet sich bei Markus (6,31–44) und Lukas (9,10–17) ebenso und ebenso ähnlich auch bei Johannes, wie wir hörten, in Joh 6,1–15 (Kap. III/5 u. 6). Dabei kann Gnilka den »Tisch vom Himmel« »schwerlich mit der Eucharistie identifizieren«, »weil der Tisch vom Himmel als Versorgung für den ersten bis zum letzten und als einmaliges Geschehen konzipiert« sei, wohl aber »mit der wunderbaren Speisung der Menge (Mt 14,13–21 par; 15,32–38 par).«[73] Eine solche Deutung aber hat wenig für sich, denn in den genannten Texten des Neuen Testamentes ist von einem »Tisch«, gar von einem vom Himmel herabkommenden, keine Rede. Und der Himmelstisch ist hier nun einmal das entscheidende Motiv. Außerdem ist im Neuen Testament Jesus Subjekt der Versorgung der Massen, während im Koran Jesus zurücktritt und ausdrücklich *Gott* um einen Tisch vom Himmel bittet. Er, Gott, ist der »beste Versorger«!

Parallele zur Brot-Bitte des »Vaterunser«?

Oder liegt – *zweitens* – mit der Bitte um Versorgung eine Anspielung vor auf die *Brot-Bitte des »Vaterunser«*: »Unser tägliches Brot gib uns heute!« (Mt 6,11; Lk 11,3)? MUHAMMAD ASAD, der in seiner Koran-Übersetzung konsequent *ma'ida* mit »Mahl« (»Mahl vom Himmel«) übersetzt, hat diese Möglichkeit erwogen: »Bei der Bitte der Jünger – und des folgenden Gebetes

Jesu – um ein himmlisches ›Mahl‹ kann es sich möglicherweise um einen Anklang auf die im Vaterunser enthaltene Bitte um das tägliche Brot handeln (vgl. Mt 6,11), denn in religiöser Terminologie ist jede Wohltat, die dem Menschen zukommt, ›vom Himmel herabgesandt‹ – nämlich von Gott –, auch wenn sie aus eigener Anstrengung des Menschen erwächst. Andererseits hingegen scheint die Art, in der beschrieben wird, wie die Jünger um das ›Mahl‹ gebeten haben – und insbesondere ihre im nächsten Vers gegebene Erklärung – vielmehr auf eine Bitte um ein *Wunder* hinzudeuten, das sie der Annahme ihres Glaubens durch Gott versichern würde.«[74] Aber die Brot-Bitte des Vaterunsers dürfte sich auf das ganz konkrete irdische Brot beziehen, nicht auf eine Himmelsspeise. Und von einem Himmelstisch ist hier erst recht keine Rede.

Parallele zur Petrus-Vision einer »Schale vom Himmel«?
Oder liegt – *drittens* – eine Motivparallele zu einer Geschichte vor, die wir aus der *Apostelgeschichte* kennen? Der evangelische Theologe JOHANN-DIETRICH THYEN erwägt sie. Er ist zwar zunächst entschieden der Meinung, Sure 5 beziehe sich »auf die Einsetzung des Abendmahls«, damit aber hätten sich »Motive aus anderen Erzählungen verbunden«. Zum Beispiel werde man an das »Speisungswunder erinnert oder an die Vision des Petrus nach Apg 10,10ff«.[75] In der Tat wird in der Apostelgeschichte *dem Apostel Petrus* eine *Vision* zugeschrieben. Er sieht, während er auf dem Dach eines Hauses betet, plötzlich »den Himmel offen« und, »eine Schale auf die Erde herabkommen«, die aussieht wie ein großes Leinentuch und an allen vier Enden festgehalten wird. In der Schale liegen alle möglichen Tiere (Apg 10,11f). Doch der »Tisch vom Himmel« für ein Fest in Sure 5 ist etwas völlig anderes als eine Schale vom Himmel voll von wimmelndem Getier. Auch zielt die Pointe der Petrus-Vision in

der Sache auf etwas völlig Verschiedenes: die Aufhebung der Unterscheidung von rein und unrein, entscheidend für die Öffnung der Christusbotschaft für die (aus Sicht der Juden) »unreinen« Heidenvölker: »Was Gott für rein erklärt hat, nenne du nicht unrein!« (Apg 10,15)

Parallele zur Sendung von »Manna« als »Brot vom Himmel«?
Oder liegt – *viertens* – mit dem Speisetisch »vom Himmel« eine Anspielung darauf vor, dass Menschen sich nach einem Brot sehnen, das »vom Himmel« stammt, wie es in *Psalm 78* zum Ausdruck kommt? Hier wird die Lage der Israeliten während der Wüstenwanderung und der Zweifel an Gott auf dem langen Weg in Erinnerung gerufen, nachdem Hunger die Auswanderer zu quälen begonnen hatte: »Sie redeten gegen Gott; sie fragten: ›Kann uns denn Gott den Tisch decken in der Wüste?‹« (Ps 78,19), eine Skepsis, die Gott dadurch ruhig stellt, dass er »das Manna« als Speise schickt, den Israeliten somit das »*Brot vom Himmel*« (Ps 78,24) sendet und sie auf diese Weise mit dem »Wunderbrot« versorgt (Ps 78,25). Eine Szene, die auch im Buch der Weisheit in Erinnerung gerufen wird:

> »Dein Volk dagegen nährtest du mit der Speise der Engel, und unermüdlich gabst du ihm fertiges Brot vom Himmel. Deine Gabe gewährte jeden Genuss und entsprach jedem Geschmack; sie offenbarte deine zarte Liebe zu deinen Kindern.« (Weis 16,20f.)

Ein solcher Hinweis hat viel für sich. Auffällig ist hier ja in der Tat die Rede von einem »Tisch«, den Gott in einer Situation des Zweifels von Menschen decken und von einem Brot, das er in dieser prekären Lage »vom Himmel« schicken kann. Sollten solche Motiv-Parallelen vorliegen, wäre Sure 5,113f. als koranische Bestätigung eines früheren, in der jüdischen Glaubensgeschichte bezeugten »Versorgungs«- Wunders zu lesen, als erneute Übung in Vertrauen auf einen Gott, der auch im Fall von Jesus und seinen Jüngern sich als der »beste Versorger« erweist. Und doch ist das Besondere unseres Textes in Sure 5 damit noch nicht wirklich im Blick. Denn es geht hier ja ganz offensichtlich um ein »Fest«, das mit dem Himmelstisch begangen werden soll: für »uns«, das heißt für Jesus und seine Jünger *und* für »die Ersten wie die Letzten«, sprich: für alle kommenden Generationen, die zu diesem Fest geladen sind. »Du, unser Gott und Herr! Sende uns vom Himmel einen Tisch herab, der (mit seinem Mahl) für uns von jetzt an bis in alle Zukunft eine Feier und ein Zeichen von dir sein wird«, übersetzt Paret diese entscheidende Stelle. Ähnlich Asad: »es soll ein immer wiederkehrendes Fest für uns sein – für die ersten und die letzten von uns.«

Eine kritische Relativierung der Zentralität Jesu?
Oder enthält Sure 5,112–115 – *fünftens* – eine bewusste *Kritik an einer Christologie,* wie wir sie aus dem Johannes-Evangelium kennen? Wir haben in Kap. III/5: Jesus als »Brot vom Himmel« davon berichtet. Auch daran könnte viel Richtiges sein. Denn Johannes berichtet im 6. Kapitel seines Evangeliums, wie wir hörten, von einem Dialog Jesu mit seinen Jüngern, die sich fragen, was sie tun müssen, »um die Werke *Gottes* zu vollbringen« (Joh 6,28). Jesus antwortet hier ganz ähnlich wie in Sure 5,112, nämlich *zunächst* theozentrisch: »Das ist das Werk *Gottes*, dass ihr an den glaubt, den er gesandt hat.« Und ähnlich wie in Sure 5,113 erwidern die Jünger:

»Welches Zeichen tust du, damit wir es sehen und dir glauben? Was tust du? Unsere Väter haben das Manna in der

Wüste gegessen, wie es in der Schrift heißt: *Brot vom Himmel gab er ihnen zu essen.*« (Joh 6,30f.)

Womit Johannes das oben genannte Wort aus Psalm 78,24 zitiert. In beiden Fällen geht es den Jüngern also zunächst um *ein theozentrisches Beglaubigungszeichen* durch eine *Speise vom Himmel,* damit sie an Jesus als Gesandten Gottes glauben können. Die Motivparallele von Sure 5,113 zu Joh 6,30f. ist in der Tat eng. Die Fortsetzung des Dialogs bei Johannes aber ist so unkoranisch wie nur denkbar:

»[32] Jesus sagte zu ihnen: Amen, amen, ich sage euch: Nicht Mose hat euch das Brot vom Himmel gegeben, sondern mein Vater gibt euch das wahre Brot vom Himmel. [33] Denn das Brot, das Gott gibt, kommt vom Himmel herab und gibt der Welt das Leben. [34] Da baten sie ihn: Herr, gib uns immer dieses Brot! [35] Jesus antwortete ihnen: Ich bin das Brot des Lebens; wer zu mir kommt, wird nie mehr hungern, und wer an mich glaubt, wird nie mehr Durst haben.« (Joh 6,32–35)

Plausibel also erscheint eine Deutung, die in Sure 5,114 eine Kritik daran erkennt, dass in christlicher Überlieferung im Anschluss an die Christologie des Johannes-Evangeliums Jesus selbst sich vor seinen Jüngern als »Brot des Lebens« ausgibt, als das »wahre Brot vom Himmel«. Ein Anspruch, der, wie wir hörten, schon auf den Widerstand der jüdischen Zeitgenossen, aber auch der jüdischen Anhänger Jesu gestoßen war (Joh 6, 52.60). Kein Zufall dürfte deshalb auch eine weitere Parallelstelle sein.[76] In Sure 5,113 wollen die Jünger ja, wie wir hörten, durch den »Himmeltisch« »Herzenssicherheit« (H. Bobzin) finden angesichts ihrer Zweifel, ob Jesus ihnen für seine Sendung »die Wahrheit« gesagt hat. Das erinnert an das Wort, das der Evangelist Johannes nach der Abschiedsszene (und der Fußwaschung) Jesus im Wissen um Verrat und Tod in den Mund legt: »Euer Herz lasse sich nicht verwirren. Glaubt an Gott, und glaubt an mich!« (Joh 14,1).

Unser Koran-Vers 5,114 wäre dann so zu lesen, dass der koranische Jesus sich hier bewusst gerade nicht selbst als »Brot vom Himmel« bezeichnet, sich stattdessen zurücknimmt und von Gott »einen Tisch vom Himmel« erbittet. Dies läge denn auch ganz auf der Linie der koranischen Christologie, wie sie durch den Rahmen unseres Textes abgesteckt ist, derzufolge Jesus nicht aus eigener Vollmacht als »Gottes Sohn« handelt, sondern auf eine Gott untergeordnete, bittende Rolle zurückgenommen ist. Nicht zufällig wird ja der koranische Jesus noch in derselben Passage (5,118) von Gott streng »geprüft«, als ob die Sendung des Tisches durch Gott vor einem »christologischen« Missverständnis geschützt werden müsse: »Hast du etwa zu den Menschen gesagt: ›Nehmt euch außer Gott noch mich und meine Mutter zu Göttern‹?« Was der koranische Jesus umgehend dementiert: »Es kommt mir nicht zu, etwas zu sagen, wozu ich kein Recht habe … Ich habe ihnen (den Jüngern) nur gesagt, was du mir geboten hast«. Die Tischsendung und das zu feiernde Fest wäre dementsprechend in der Tat ein »Zeichen Gottes« (5,114) und nicht eines der Vollmacht Jesu.

Wir sind jetzt am entscheidenden Punkt unserer Überlegungen angelangt: bei der Klärung der Frage, ob mit dem koranischen Himmelstisch überhaupt eine Anspielung auf den christlichen »Tisch des Herrn« vorliegt, wie Paulus in seinem ersten Brief nach Korinth formuliert hatte (1 Kor 10,21), auf den Tisch also, an dem Christen unter den »eucharistischen« Gaben von Brot und Wein des Leidens, Sterbens und Auferstehens Jesu Christi gedenken und zwar als messianische Vorwegnahme der

Tischgemeinschaft, die Jesus bei seiner Wiederkunft im Reich Gottes wieder aufnehmen wird.

6. Der Himmelstisch und der »Tisch des Herrn«

Eine Reihe von Auslegern sieht in der Tat bei der koranischen Himmelstisch-Szene eine Anspielung auf Jesu Letztes Abendmahl oder zur christlichen Mahlfeier am »Tisch des Herrn« oder zur Einsetzung des Abendmahls, wie die Synoptiker es schildern (Mk 14,17ff par). Ja, der Islamwissenschaftler MATTHIAS RADSCHEIT sieht in seinem die Forschung sichtenden Artikel zu »Table« in der maßgebenden »Encyclopedia of the Quran« (2006) sogar einen »breiten wissenschaftlichen Konsens, dass die koranische Tisch-Episode sich im Wesentlichen in der einen oder andern Weise auf das Letzte Abendmahl bezieht«.[77] So hat denn auch ein so gewichtiger nichtmuslimischer Koran-Interpret wie RUDI PARET die Auffassung vertreten: »Der Abschnitt über den Tisch, den die Jünger aus dem Himmel erbitten, bezieht sich offensichtlich auf die Einsetzung des Abendmahls.«[78] Auch der Muslim MEHDI BAZARGAN will hier, wie wir hörten, eine Anspielung auf das »letzte Abendmahl mit seinen Jüngern« erkannt haben, auf den »Abend vor seiner Kreuzigung«.

Mit derselben Tendenz, aber differenzierter urteilt der deutsche Islamwissenschaftler HERIBERT BUSSE: »Die Erzählung bezieht sich auf Ereignisse, die in der Theologie der alten Kirche typologisch aufeinander bezogen sind, nämlich die Speisung des Volkes in der Wüste mit Manna, die wunderbare Brotvermehrung und die Einsetzung der Eucharistie. Das Manna war eine konkrete Speise, ebenso die bei der wunderbaren Brotvermehrung gereichte Speise. Die Eucharistie ist eine konkrete

Speise mit übernatürlichem Charakter. Die wunderbare Brotvermehrung wird im Johannesevangelium ausdrücklich als Beglaubigungswunder bezeichnet: ›Als nun die Leute das Zeichen sahen, das er gewirkt hatte, sagten sie: ›Das ist wahrhaftig der Prophet, der in die Welt kommen soll‹ (Joh 6,14). Auf die Einsetzung der Eucharistie weist die Bitte Jesu hin, der Tisch möge ein Fest und ein Zeichen sein (Sure 5,114), eine Anspielung auf das Osterfest und den Erinnerungscharakter, den das Abendmahl hat. Ein noch deutlicherer Hinweis auf die Eucharistie ist Gottes Drohung gegen denjenigen, der nicht an die göttliche Herkunft des Tisches glaubt, mit einer Strafe, wie ›sonst niemand in der Welt bestraft‹ wird (5,115). Sie erinnert an den Bericht des Paulus über das Herrenmahl mit der Warnung: ›Jeder prüfe sich aber selbst und esse dann von dem Brot und trinke aus dem Kelch. Denn wer isst und trinkt, der isst und trinkt sich das Gericht, wenn er den Leib (Jesu) nicht (von dem gewöhnlichen Brot) unterscheidet‹ (1 Kor 11,28–29).‹[79]

In der Tat spiegelt sich die Besonderheit des für ein Fest vom Himmel gesandten Speisetisches auch in der außerordentlichen Strafandrohung Gottes in Sure 5,115: »Wer dann unter euch noch ungläubig ist, den strafe ich wie sonst niemanden auf der Welt.« Diese machte ja keinen Sinn, wenn bei diesem Tisch nicht außerordentlich viel auf dem Spiel stünde: die Scheidung der Geister nämlich in Glaubende und Unglaubende. Die koranischen Jünger hatten ja auch ausdrücklich um ein solches Beglaubigungszeichen gebeten. Welcher Tisch in der mit Jesu verbundenen Überlieferung aber hätte einen solchen »Stellenwert«, wenn nicht der eucharistische Gabentisch, der »Tisch des Herrn«, an dem sich ebenfalls Glaube von Unglauben scheidet. Man muss als Christ schon in allem Ernst »glauben«, dass Jesus unter den Zeichen von Brot und Wein in der Welt präsent ist und bleibt. Gerade der Apostel Paulus hatte ja seinen Korin thern gegenüber den tiefen Ernst von »Brot« und »Kelch« als Zeichen von Jesu Hingabe deutlich gemacht. Indem sie das Brot essen und aus dem Kelch trinken, verkündigen sie »den Tod des Herrn, bis er kommt« (1 Kor 11,26), hatte er ihnen geschrieben. Und es ist gerade dieser Glaubens*ernst*, der Paulus angesichts der Vorgänge von Rücksichts- und Zügellosigkeit in der korinthischen Gemeinde (wir haben davon in Kap. VI/7 berichtet) von »Gericht« sprechen lässt – und zwar in einer Heftigkeit, die der koranischen Strafandrohung in ihrer Schärfe nur wenig nachsteht:

> »[27] Wer also unwürdig von dem Brot isst und aus dem Kelch des Herrn trinkt, macht sich schuldig am Leib und am Blut des Herrn. [28] Jeder soll sich selbst prüfen; erst dann soll er von dem Brot essen und aus dem Kelch trinken. [29] Denn wer davon isst und trinkt, ohne zu bedenken, dass es der Leib des Herrn ist, der zieht sich das Gericht zu, indem er isst und trinkt. [30] Deswegen sind unter euch viele schwach und krank, und nicht wenige sind schon entschlafen. [31] Gingen wir mit uns selbst ins Gericht, dann würden wir nicht gerichtet. [32] Doch wenn wir jetzt vom Herrn gerichtet werden, dann ist es eine Zurechtweisung, damit wir nicht zusammen mit der Welt verdammt werden.« (1 Kor 11,27–32)

Strukturell gleichen sich also die jeweiligen Drohreden: So wie die Korinther, obwohl sie von dem tiefen Ernst der mit den Gaben »Brot« und »Wein« verbundenen Mahlfeier wissen, durch ihre Rücksichts- und Zügellosigkeit ihren Unglauben unter Beweis stellen (und dafür dem Gericht Gottes anheimzufallen drohen), so auch diejenigen, die am vom Gott gesandten Himmelstisch mit Jesus und den Jüngern sitzen werden und dennoch nicht die wahre Sendung Jesu erkennen, die Wahrheit, die er über Gott verkündet. Dies lässt es plausibel erscheinen, dass in Sure 5,112–115 in der Tat an die christliche Mahlfeier, den »Tisch des Herrn« gedacht ist.

Hinzu kommt ein *Zweites*: Welch anderes mit Jesu verbundene Ereignis, das mit Speisen und einem Tisch zu tun hat, wäre besser dazu geeignet, »Ruhe« (Sure 5,113), d. h. Glaubensgewissheit in die Herzen der Glaubenden zu senken als die Mahlfeier zum Gedenken an den im Geist lebendigen Christus? Welch anderes Ereignis beglaubigt immer wieder neu, dass Jesus »die Wahrheit« gesagt hat, wenn nicht die Eucharistie, bei der er als der Lebendige »mit am Tisch« sitzt? Diese gleichzeitigen Signale im Text: Essen – Tisch – Glaubensgewissheit – Bezeugung der Wahrheit – Ernst des Gerichts im Zusammenhang mit Jesus und seinen Jüngern lassen ebenfalls einen Verweis auf das christliche Mahlfeier plausibel erscheinen.

Hinzu kommt ein *Drittes*: Sprachkundigen ist aufgefallen, dass das im Koran gebrauchte Wort *al-ma'ida*, »der Tisch«, für arabisch Sprechende ein Fremdwort ist. Es kommt auffälligerweise nur zweimal im Koran vor, exakt an den Stellen, mit denen wir uns hier beschäftigen: Sure 5,112 und 114. Das Wort ist aus dem Äthiopischen entlehnt und wird hier für den eucharistischen Altar oder die eucharistischen Gaben »Brot und Wein« verwandt. Darauf hat schon der britische Religionswissenschaftler Geoffrey Parrinder in seinem noch heute lesenswerten Buch »Jesus in the Qur'an« von 1965 hingewiesen: *ma'ida* sei ein spätes Wort und komme nur in den genannten medinensischen Versen vor. Es stamme »von einem äthiopischen Wort, das unter äthiopischen Christus beinahe technisch für den Tisch des Herrn, d. h. das Letzte Abendmahl, gebraucht« werde.[80]

Erhärtet wird diese philologische Beobachtung durch einen Artikel von Manfred Kropp, der ebenfalls auf die äthiopische

Herkunft von *al-ma'ida* eingeht. Das Wort habe seinen »Ursprung in christlichem Erzählgut«[81] gehabt, bevor es in den Koran übernommen worden sei. »Wenn man annimmt«, folgert MATTHIAS RADSCHEIT aus diesem sprachlichen Befund, »dass das Wort *ma'ida* nach seiner Übernahme ins Arabische noch beide Bedeutungen trägt, ist es möglich, dass der Jünger Bitte um Herbsendung eines Himmelstisches sich nicht auf einen bloßen ›Tisch‹, vielmehr auf die ›Speise‹ bezog.«[82] Das wiederum bringt Radscheit dazu, die Tisch-Episode des Koran als »re-reading of the Lord's Supper« zu bezeichnen, ungeachtet der anderen vorhandenen »starken biblischen Obertöne«: »In dieser Neuinterpretation verliert die Person Jesu ihre überragende Bedeutung, seine Gottessohnschaft ist ausdrücklich verneint. Stattdessen ist die Eucharistie interpretiert als Bestätigung von und Erinnerung an Gottes Bund mit den Aposteln.«[83]

Das Stichwort »Neuinterpretation«, »Re-lecture« hilft uns weiter. Klar ist bis hierher so viel: Es geht in Sure 5,112–115 offensichtlich nicht um das geschichtliche Abendmahl Jesu, wohl aber um eine »Neuinterpretation« der Mahlfeier der christlichen Gemeinde. Entscheidend zum Verständnis des Letzten Abendmahls war, wie wir hörten, dass Jesus die traditionelle jüdische Pessachliturgie nutzt, um zentrale Elemente der Sederfeier (Brot und Wein) auf sein bevorstehendes Leiden und Sterben »für die Vielen« zu deuten und zugleich für seine Jünger eine »endzeitliche« Perspektive in Aussicht zu stellen: Gemeinsames Mahl mit Brot und Wein im Reich Gottes! Verschränkt sind hier also Christologie und Eschatologie. Dass diese Verschränkung aber dem »Tischsendungs«-Text entsprechen sollte, wäre ganz und gar unkoranisch, wie wir hörten. Denn weder Christus als Person ist für den Koran zentral, noch gar sein Leiden und Sterben als Erlöser am Kreuz, das ja in Sure 4,157 direkt geleugnet wird. Von einer Handlung Jesu, die man als

»Einsetzung« oder Stiftung des Abendmahls, als Mahl zum Gedenken an Jesu Tod und Auferstehung deuten könnte, ist in Sure 5 keine Rede. »Da aber im Koran dem Tode Jesu keine Heilsbedeutung zukommt und da gerade an den eucharistischen Gestalten Brot und Wein das Totengedächtnis haftet, muss ein direkter Bezug auf die Einsetzung des Abendmahls außer Betracht gelassen werden«, schreibt denn auch Claus Schedl in seiner großen Untersuchung »Muhammad und Jesus« von 1978 zu Recht.[84]

7. Ein Fest am Himmelstisch

Zugleich aber hat Schedl auf die in Sure 5,112–115 angesprochene Zukunftsdimension aufmerksam gemacht: »Die Frage der Jünger im Koran: ›Ist dein Herr wohl imstande, einen Tisch vom Himmel herabzusenden?‹ ist gleichbedeutend mit der Frage nach der Möglichkeit des Anbruches des Gottesreiches, das als himmlisches Gastmahl geschaut wird. Damit stoßen wir indirekt auf die Eucharistie, zwar nicht auf den Einsetzungsbericht der Evangelien, wohl aber auf die christliche Mahlfeier; denn das überwesentliche Brot der Vaterunserbitte wurde schon in frühchristlicher Zeit mit dem eucharistischen Tisch gleichgesetzt. Die Vorstellung von Tisch und Himmelsbrot konkretisiert sich demnach im Tisch der Eucharistie feiernden Gemeinde. Dieser Ansatz wird in Vers 114 bestätigt, wo noch eigens vom Fest gesprochen wird.«[85]

In der Tat dürfte in 5,114 (»Tisch vom Himmel, der uns ein Fest sei, den Ersten wie den Letzten«) auf die eschatologische Dimension der christlichen Eucharistiefeier angespielt sein, von der wir in den voraufgegangenen Abschnitten gesprochen haben. Wir erinnern uns: Nach Matthäus und Markus will Jesus von Neuem von der »Frucht des Weinstocks« trinken im Reich Gottes (Mk 14,25, Mt 26,29). Nach Lukas wird Jesus im Gottesreich mit seinen Jüngern an einem *Tisch* sitzen und »essen und trinken« (Lk 22,30). Nicht zu vergessen die Vision des Propheten Jesaja von einem »Festmahl« Gottes auf dem Zionsberg zu Jerusalem (Jes 24,23), einem Mahl in messianischer Vollendung und zwar »für alle Völker« mit den »besten und feinsten Speisen, mit besten und erlesenen Weinen« (Jes 25,6) oder auch für den Einzelnen, wie es in Ps 23 von Gott als messianischem Gastgeber heißt: »Du deckst mir den *Tisch* vor den Augen meiner Feinde. Du salbst mein Haupt mit Öl, du füllst mir reichlich den Becher. Lauter Güte und Huld werden mir folgen mein Leben lang, und im Hause des Herrn darf ich wohnen für lange Zeit.« (Ps 23,5f.)

Hat man diese Zeitdimension unseres Textes erkannt, wird klar, dass schon die Ausgangsfrage der Jünger in die Zukunft zielt und den Anbruch des Gottesreiches mit dem erwarteten Festmahl im Blick hat: »Die Jünger möchten ›davon‹, d. i. vom überwesentlichen Himmelbrot, essen. Durch das Essen würden ihre Herzen beruhigt und der Zweifel an Jesu Sendung beseitigt. Die Jünger bringen also eine eschatologische Begründung: Wenn sie essen dürfen, ist das Reich Gottes in Wahrheit gekommen, und Jesus damit als echter Gesandter Gottes erwiesen. Wenn sie erklären, sie wollten über den Tisch Zeuge sein, ist damit das Zeugnis über die Sendung Jesu mit eingeschlossen.«[86] Konsequenterweise ist es im folgenden Vers 5,114 dann Jesus selbst, der Gott um seinen, *Gottes* Tisch, bittet und damit um das eschatologische Festmahl, das biblischen Parallelen entsprechend ebenfalls als Festmahl *Gottes* gefeiert werden wird, vom Anfang bis Ende, von den Ersten bis zu den Letzten, womit die Aussage über die Jünger in der Tat ins Allgemeine, in die große Zahl, in die »Abfolge der Generationen« (R. Paret) *erwei-*

tert ist. Die koranische »Neuinterpretation« der christlichen Mahlfeier dürfte damit abgeschlossen sein. Bestätigt ist: »Jesus ist Gesandter und Knecht Gottes; er bittet um das Kommen des himmlischen Gastmahles; das Gastmahl selbst bereitet nicht er, sondern einzig Allah.«[87] Will sagen: Beginnend mit dem eucharistischen Tisch der Jünger und (dann) der christlichen Gemeinden bis zum Ende, wenn alle Glaubenden zum Festmahl Gottes geladen sind.

Entsprechend dürfte dann auch das Gotteswort in 5,115 als Zukunftsaussage zu verstehen sein. Die Strafandrohung gilt für den Tag des Jüngsten Gerichts, den der Koran von Anfang bis Ende immer wieder warnend und zur Umkehr mahnend seinen Adressaten gegenüber beschwört. An diesem Tag erst wird über Glaube und Unglaube entschieden werden. Wer auf Grund der Sendung des Himmelstisches immer noch nicht an Gott und seinen Gesandten Jesus glaubt, zieht sich Gottes Strafe zu (Sure 5,115). Nichtglaubende verfallen in diesem besonderen Fall dem Gericht »wie sonst niemand in aller Welt« (5,115). Für die Glaubenden dagegen wird der Tisch bereitet sein, an dem, so dürfen wir folgern, dann bereits Jesus und seine Jünger Platz genommen haben werden.

Auch der mit 5,116 beginnende *Dialog Gott – Jesus* nimmt die Zukunft vorweg. Er hat »noch nicht stattgefunden«, wird sich also »erst in der Zukunft abspielen«[88]. Entsprechend schließt Sure 5 mit einem positiven eschatologischen Ausblick: »Gott sagt«:

119 »Das ist der Tag, da den Wahrhaftigen ihre Wahrhaftigkeit nützt.«
Sie bekommen Gärten, in denen unten Flüsse fließen. Immer und ewig sind sie darin. Gott hat Wohlgefallen an ihnen und sie an ihm.

Das ist der mächtige Gewinn

Gott hat die Herrschaft über die Himmel und die Erde und was in ihnen ist.

Er ist aller Sache mächtig. (Sure 5,119f.)

So gelesen, passt sich das auf den ersten Blick überraschend auftauchende und kontextsprengende »Tischsendungs«-Stück organisch in den Rahmen von 5,110f. bzw. 5,116–120 ein. Die Jünger werden mit am Tisch des himmlischen Festes sitzen, weil sie die ganz und gar »Gottergebenen« (5,111) sind und von Jesus als solche beglaubigt werden (5,117). Jesus als Gottes Gesandter erst recht, denn er hat nichts über Gott, sich selbst und seine Mutter gesagt, was nicht dem einen und einzigen Gott entsprechen würde. Nichts, was Gott ihm nicht »geboten« (5,117) hätte.

VII. FÜR EINE WECHSELSEITIGE ERINNERUNGSKULTUR

Der Befund ist nun erhoben: Juden, Christen und Muslime teilen die Erwartung eines von Gott bereiteten Festmahls am Himmelstisch. Und wenn das so ist, wären daraus Konsequenzen zu ziehen. Was bedeutet das alles, was wir rekonstruiert haben, für ein Denken, das nicht auf Isolation, sondern auf Verbindung zielt, nicht auf monologische Selbstgespräche, sondern auf kommunikatives Miteinander, dass im Trennenden das Verbindende und im Verbindenden auch das Trennende ernst nimmt und damit eine neue Gesprächskultur zwischen Juden, Christen und Muslimen eröffnen will, welche die Präsenz des je Anderen vor Gott mitbedenkt? Ich skizziere einige Konsequenzen:

1. Konsequenzen für Christen

Wenn *Christen* zum »Herrenmahl« zusammenkommen, wenn sie unter den Zeichen von Brot und Wein sich an Tod und Auferweckung Jesu Christi erinnern, sind sie immer schon verbunden mit der Geschichte des Volkes, das Gott als den Befreier aus der Knechtschaft Ägyptens erfahren und das Gott sich als sein Bundesvolk erwählt hat. Im Deuten und Brechen des Brotes und im Deuten und Austeilen des Kelches mit Wein sind Christen rückgebunden an den Ritus, den Jesus bei seinem Letzten Mahl vollzog, als er nach jüdischem Brauch das Passamahl mit seinen Jüngern einnahm. Undenkbar eigentlich, dass Christen je diese innere Verbindung von Seder und Abendmahl vergessen dürften, dass sie »Gründonnerstag« feiern mit dem Rücken zum Judentum, israelvergessen, israelverleugnend. »Tut dies zu meinem Gedächtnis« wird nur dann nicht zur geschichtsblinden Gedächtnislosigkeit, wenn Jesu Judesein bis in die letzten Tage seines Wirkens nicht unterschlagen, bagatellisiert oder theologisch überspielt wird. Er hat sich selbst in die Freiheitsgeschichte seines Volkes gestellt, die mit dem Exodus ihren Anfang nahm, hat einen »neuen Bund« gestiftet und mit der zu seinem Gedenken vollzogenen Mahlgemeinschaft das zukünftige Mahl im Reich Gottes vorweggenommen. Ohne die Tiefe der Geschichte des ersten Gottesvolks wäre diese Erinnerung an Jesus buchstäblich grund- und wurzellos. Christen bleiben auf immer über Jesus Christus dem Gedenken Israels verpflichtet.

Das sollte umgekehrt nicht zu Überanpassungen führen. BERTOLT KLAPPERT hat darauf zu Recht hingewiesen. So wie er wider das »durchgängige Passaverschweigen« in Theologie und Kirche argumentiert, argumentiert er gegen »eine Art verchristlichter Passafeier mit Lammsteaks und frei erfundenen Lobsprüchen«. Diese »vereinzelte problematische Praxis« in bestimmten Gemeinden sei »nur die Kehrseite« des Passaverschweigens, des Verschweigens des grundlegenden Sachverhalts, *»dass alle vorhandenen bzw. wiederzuerinnernden liturgischen Elemente unseres Abendmahls aus dem jüdischen Passamahl stammen und an das letzte jüdische Passamahl Jesu erinnern wollen*, obwohl wir selber als ökumenisches Gottesvolk aus allen Völkern kein verchristliches Passamahl feiern dürfen und sollten.«[89]

Aus gegebenem Anlass hat auch die *Niederländische Katholische Bischofskonferenz* 1999 zum Problem »verchristlicher

Passafeiern« Stellung genommen und in einer Erklärung über die »Bedeutung der Begegnung mit dem Judentum für Katholiken« Bedenkenswertes vorgetragen: »Das jüdische Osterfest, *Pessach*, erinnert an die Befreiung aus Unterdrückung und Sklaverei in der Vergangenheit und in der Gegenwart. Pessach ist eine Weise, die Hoffnung auf die Zukunft aktiv zu beleben. Die Familie ist selbst verantwortlich für die Feier des *Seder*, d. h. des Pessachmahls, die damit ein vorzügliches Beispiel von häuslicher Liturgie ist. Die Nachahmung dieser eindrucksvollen jüdischen Feier durch Christen scheint uns – allen guten Absichten zum Trotz – eine unerwünschte Aneignung von jüdischem Gedankengut zu sein. Viel eher können sich Christen durch das Kennenlernen der jüdischen Riten und Symbole inspirieren lassen, um selbst besonders zuhause Momente und Formen von Heiligung zu beleben und zu entwickeln. Heiligung des Lebens ist ja nicht gebunden an das Kirchengebäude. Wir denken in diesem Zusammenhang auch an Gebete und Segnungen, wodurch zahlreiche Lebensmomente wie das Wachwerden, Mahlzeiten, Geburt und Abschied dankbar Gott geweiht werden.«[90]

Zugleich bleiben Christen mit Muslimen verbunden, deren Heilige Schrift sie auf immer an ein Doppeltes erinnert. *Erstens* daran, dass das eschatologische Mahl aller Glaubenden noch aussteht und *zweitens* daran, dass dieses Mahl Gottes Sache ist. Nicht die Kirche, nicht Christus ist der Einladende zum »Tisch«, sondern Gott. Gott sendet den Tisch vom Himmel, Gott bereitet das Fest-Mahl. Diese Zuversicht des Koran können auch Christen teilen, die in ihrer Eucharistiefeier das noch ausstehende große Fest vorwegnehmen, das im Reiche *Gottes* zu feiern sein wird: »Ich sende ihn [den Tisch] euch hinab«, lässt der Koran Gott sagen (Sure 5,115). Diese Zusage Gottes entspricht dem Gottvertrauen Jesu, der – Matthäus zufolge – mit seinen

Jüngern den Wein »von neuem trinken« wird im »Reich« seines »*Vaters*« (Mt 26,29) und der Lukas zufolge den Jüngern in Aussicht stellt, mit ihm im Reich *Gottes* an einem »Tisch« zu essen und zu trinken (Lk 22,30).

Und die konkreten Konsequenzen? Wo bleiben Worte der Kirchenleitungen an ihre Gemeinden, die Ausdruck eines interreligiös vernetzten Denkens wären, Ausdruck der Überzeugung, dass man als Christ immer auch die Präsenz der je Andersglaubenden vor Gott mitzubedenken hätte, dass der je Andersglaubende seinen Ort vor Gott hat, ja dass es innere Verbindungen zwischen den »Kindern Abrahams« gibt? Wo hätte ein Fastenhirtenbrief wie der des Kardinals von Toronto von 1979 heute Nachfolger gefunden? Ich habe zu Beginn dieser Studie daraus zitiert: »Wenn wir [Christen] das Grundgeheimnis unseres Glaubens, den Tod und die Auferstehung Jesu, begehen, gedenken unsere jüdischen Nachbarn des Auszugs aus Ägypten, des zentralen Ereignisses, das sie erst zu einem Volk machte. Es ist kein Zufall, dass das jüdische Pessachfest und das christliche Osterfest fast immer in den gleichen Zeitraum fallen; fand doch das Leben Jesu im Zusammenhang des großen jüdischen Festes sein Ende. Die Übereinstimmung der beiden Feste lädt uns in diesem Jahr dazu ein, ganz besonders über die jüdischen Wurzeln des Christentums und über die bleibende Verbindung zwischen beiden Religionen nachzudenken.«

Wie aber soll in unseren Gemeinden ein Bewusstsein innerer Verbindungen wachsen, wenn sie zu vernetztem Denken nicht *konsequent und regelmäßig* angeleitet werden? Viel investiert wird in abgrenzende Erklärungen (Christen gegenüber Juden und Muslimen) sowohl auf evangelischer wie katholischer Seite. EKD und Deutsche Bischofskonferenz verstärken sich hier wechselseitig. Schmählich vernachlässigt dagegen wird eine regelmäßige, etwa an den großen Festen der je anderen Re-

ligionen geschulte Wahrnehmung der Präsenz von *Anders*glaubenden als *Andersglaubenden*. Einen Kalender mit den Festta-
gen der jeweils anderen Religionen sollten nicht nur einige
Spezialisten für interreligiösen Dialog im Kopf haben. Er sollte
zu einem festen Bestandteil von universitären Ausbildungspro-
grammen von Pfarrerinnen und Pfarrern sowie Religionslehre-
rinnen und -lehrern gehören und bis auf die Ebene von Kinder-
gärten, Schulen und Gemeinden Konsequenzen haben.

2. Konsequenzen für Juden

Wenn *Juden* zur jährlichen Sederfeier zusammenkommen, feiern sie alter Tradition gemäß ein Fest der Freiheit von aller
Knechtschaft und erinnern sich voll Dankbarkeit an das, was
Gott für das Volk Israel getan hat. Dass aber nach dem Exodus
aus Ägypten Israel neue Knechtschaftserfahrungen nicht erspart blieben, ist ebenfalls unauslöschlicher Bestandteil jüdischer Erinnerungskultur: Zerstörung des Ersten Tempels und
Babylonisches Exil, Rückkehr, Zerstörung des Zweiten Tempels
und Zerstreuung unter die Völker, Holocaust! Und zwei Jahr-
tausende war es die Christenheit, die jüdisches Leben immer
wieder dem Auslöschungsdruck aussetzte: durch erzwungene
Taufen, bürgerliche Assimilation oder physische Vernichtung.
Dass unter diesen geschichtlichen Bedingungen Juden wenig
Neigung verspürten und verspüren, ihrer am Sederabend prak-
tizierten Gedächtniskultur das Eingedenken des Juden Jesus
und seiner Wirkungen in der Welt hinzuzufügen, ist nur zu be-
greiflich. Was ist Juden nicht alles im Namen Jesu Christi ange-
tan worden?

Gleichwohl dürfte auch für Juden nicht gleichgültig sein,
dass sie nicht nur im Negativen, im Leiden und in Todesängs-

ten, mit der christlichen Welt verbunden bleiben, sondern auch im Positiven. Es sind jüdische Gelehrte, die, wie wir hörten, heute nach einer nun auch schon gut 200 Jahre alten Rezeptionsgeschichte Jesu (von Abraham Geiger bis Leo Baeck und Martin Buber) mit einigem Stolz darauf verweisen, das uns »in den synoptischen Evangelien Jesus, der Jude« (W. Homolka) begegnet. Sie signalisieren damit auf ihre Weise, dass zur jüdischen Gedächtniskultur auch Botschaft und Praxis Jesu gehören, eines Juden des ersten Jahrhunderts, der wie nur wenige seines Volkes das Antlitz der Erde veränderte. Juden sind von daher mit Christen unlöslich über den Juden Jesus verbunden. Solche Einsichten *könnten* dazu dienen, bei jeder Sederfeier auch auf den Mann aus Nazaret zu verweisen, der mit seinen Jüngern vor seinem Tod das Sedermahl einnahm, seine Sendung im Lichte von Pessach deutete und damit die Christenheit ein für allemal zum Gedenken an die Geschichte Gottes mit Israel verpflichtete.

Ebenso ließen sich Verbindungen mit Muslimen herstellen. Indem diese mit Sure 5,114 ein eschatologisches Festmahl erwarten, nehmen sie Hoffnungsbilder auf, die tief in der Erwartungsgeschichte Israels verwurzelt sind: die Vision des Propheten Jesaja zum Beispiel von einem »Festmahl« Gottes auf dem Zionsberg zu Jerusalem (Jes 24,23), einem Mahl in messianischer Vollendung und zwar »für alle Völker« mit den »besten und feinsten Speisen, mit besten und erlesenen Weinen« (Jes 25,6) oder auch für den Einzelnen, wie es in Psalm 23 von Gott als messianischem Gastgeber heißt: »Du deckst mir den *Tisch* vor den Augen meiner Feinde. Du salbst mein Haupt mit Öl, du füllst mir reichlich den Becher. Lauter Güte und Huld werden mir folgen mein Leben lang, und im Hause des Herrn darf ich wohnen für lange Zeit.« (Ps 23,5f.) Eine Sederfeier könnte somit dazu genutzt werden, auch auf die Verbundenheit mit Muslimen zu verweisen. Sie ist ja von Inhalt und Struktur her offen für die Gastfreundschaft und Ausdruck messianischer Hoffnung auf eine Zeit der Vollendung in Gottes Reich.

3. Konsequenzen für Muslime

Wenn *Muslime* den Koran lesen, finden sie sich eingebunden in die Überlieferungen der Heiligen Schriften von Juden und Christen. Der Koran will nach eigenen Aussagen ausdrücklich bestätigen, was als Tora den Juden und als Evangelium den Christen anvertraut wurde (vgl. Sure 5,46). Zwar gilt in diesen Offenbarungsschriften nur das als gültig, was der Koran ausdrücklich bestätigt, die »Schnittmenge« aber ist umfangreich. Das gilt gerade für die sogenannten Prophetengeschichten von Adam, Noach und Abraham bis hin zu Moses, Joseph, David, Jesus und Maria. Deren Auslegung hat in der Vergangenheit vielfach zu Ausgrenzungen und Verwerfungen geführt, könnte und müsste aber in Zukunft für ein *trialaterales und damit vernetztes Denken* genutzt werden. Schluss mit dem Tunnelblick nur für das Eigene, mit der kalten Schulter, mit der man nur seinen eigenen Glauben kultiviert mit dem Rücken zu allen Anderen.

Muslime sind nach den Weisungen des Koran mit Juden insbesondere durch die großen prophetischen Gestalten verbunden, mit Christen durch die weitreichenden Aussagen über Maria und Jesus, einschließlich der im Koran gezogenen Grenzlinien zu einer bestimmten Christologie und einem (vulgären) Drei-Götter-Glauben. Wenn Muslime also Sure 5,112–115 rezitieren, werden sie nicht vergessen können, dass sie verbunden sind mit Juden und Christen in einer Geschichte der Hoffnung und Erwartung, wenn Gott zum »Fest«-Mahl der Glaubenden einladen und den Tag des Gerichts heraufführen wird. Eine Vorwegnahme hier und jetzt wäre die Gewährung wechselseitiger Gastfreundschaft. Sie könnte konkret zeigen, dass und wie Mahl feiern Juden, Christen und Muslime in der Tat verbindet.

4. »Vergesst die Gastfreundschaft nicht«!

Wir sprachen zu Beginn dieses Buches davon, dass Juden, Christen und Muslime in Abraham den »Vater des Glaubens« verehren und von daher sich als »Kinder Abrahams« verstehen dürfen.[91] Aus dem wechselseitig geteilten Wurzelbewusstsein erwächst ein Ethos der Geschwisterlichkeit. Mehr noch: Wer sich Abraham verpflichtet weiß, weiß sich einer Praxis der Gastfreundschaft verpflichtet. Man lässt dann etwas spüren von dem Geist der Freundschaft, der einem aus den Abraham-Überlieferungen entgegentritt: Abrahams Freundschaft zu Gott und Abrahams Freundschaft gegenüber Fremden.

Wir registrieren: Abraham wird in den Heiligen Schriften von Juden, Christen und Muslimen »*Freund Gottes*« genannt: im Buch des Propheten Jesaja (41,8), im Brief des Jakobus (2,23) und im Koran in Sure 4,125. Die Bezeugung ist eindrucksvoll: Der Koran erklärt, Gott habe sich »Abraham zum Freund genommen«, weil er ein aus innerstem Wesen Glaubender gewesen sei (Sure 4,125). Im Jakobusbrief ähnlich: »Abraham glaubte Gott, und das wurde ihm als Gerechtigkeit angerechnet, und er wurde Freund Gottes genannt.« (Jak 2,23) In der Hebräischen Bibel redet Gott direkt durch den Mund des Propheten Israel an: »Du, mein Knecht Israel, du, Jakob, den ich erwählte, Nachkomme meines Freundes Abraham« (Jes 41,8).

Nicht zufällig ist denn auch die *Gastfreundschaft im Zeichen Abrahams* in all diesen Traditionen bis heute stark verwurzelt. Das ist das Gegenteil von Fremdenfurcht und Abgrenzungsdenken. Der je Andere hat einen Ort bei mir: aus welcher Kultur oder Religion auch immer. Wer Gastlichkeit anbietet, will nicht herrschen und nicht missionieren. Der hat keine Profil- und Identitätsprobleme. Der schätzt den Anderen als Mitgeschöpf um seiner selbst willen. Die Hebräische Bibel liefert das Urmodell dazu und zwar mit der Szene, in der Abraham und seine Frau Sara »bei den Eichen von Mamre« Gott in Gestalt von »drei Männern« empfangen und bewirten (Gen 18,1–22). Im Neuen Testament ist diese Überlieferung durch den Hebräerbrief aufgenommen und in dem Appell zugespitzt: »Vergesst die Gastfreundschaft nicht; denn durch sie haben einige, ohne es zu ahnen, Engel beherbergt.« (Hebr 13,2) Auch im Koran gibt es zu dieser Szene eine Parallele und zwar in den Suren 51,24–37 und 11,69–76. Die jüdische Tradition (»Die Sagen der Juden«) kennt dazu die schöne Auslegung:

»Abrahams Haus stand allen Menschenkindern offen, den Vorbeiziehenden und Heimkehrenden, und Tag und Nacht kamen welche, um bei Abraham zu essen und zu trinken. Wer hungrig war, dem gab er Brot, und der Gast aß und trank und ward gesättigt. Wer nackt in sein Haus kam, den hüllte er in Kleider und ließ ihn von Gott erfahren, dem Schöpfer aller Dinge.«[92]

»Vergesst die Gastfreundschaft nicht«! Vergesst nicht, euch wechselseitig immer wieder zu einer Tischgemeinschaft einzuladen, Essen und Trinken miteinander zu teilen, ob zu den großen Festen (Pessach, Weihnachten, Fastenbrechen) oder im Alltag bei wechselseitigen Besuchen. Baut auf diese Weise Brücken des Vertrauens, Brücken der Anteilnahme, Brücken der Sorge für einander. Miteinander Mahl feiern ist der sichtbarste und sinnlichste Ausdruck einer ökumenischen Geschwisterlichkeit im Geiste Abrahams.

Der in diesem Jahr 2012 allzu früh verstorbene, gerade auch um den Trialog hochverdiente Münchner Alttestamentler *Manfred Görg* (ich werde seiner im Dankeswort noch eigens gedenken) hat die in Abraham verkörperte Gastfreundschaft treffend einmal so umschrieben: »Der biblische Abraham, der sich den unbekannten Fremden öffnet und ihnen exzellente Gastfreundschaft erweist (Gen 18), ist zu Recht in den ›abrahamischen Religionen‹ und Regionen Sinnbild und Urbild der Öffnung im Dialog mit Gott und Mensch geworden. Seine Begegnungsweise bietet das Modell für einen Austausch, der eine Koexistenz von Bekenntnissen zur eigenen Identität gestattet, daneben und darüber hinaus aber ein Miteinanderstehen vor der unendlichen Erhabenheit und Barmherzigkeit des einen Gottes möglich macht. Dies ist und bleibt der entscheidende Angelpunkt des jüdisch-christlich-islamischen Dialogs, der letzten Endes im Dialog Gottes mit den Menschen aufgehoben ist.«[93]

Ein Wort des Dankes

Ich habe vielfach zu danken. Zunächst meiner Mitarbeiterin MAGDALENA EBERTZ für alle Sorgfalt bei der Literaturrecherche und den gründlichen Korrekturarbeiten am Manuskript. Dann meinen beiden Tübinger Kollegen HELMUT ZWANGER und HERMANN HÄRING für ihre kritische und ermutigende Lektüre des ersten Entwurfs meines Textes.

Dank an Walter Homolka

Mein Dank gilt dann zwei Personen, denen ich mich in besonderer Weise verbunden weiß. Zunächst Rabbiner Prof. Dr. WALTER HOMOLKA, Rektor des Abraham-Geiger-Kollegs an der Universität Potsdam, einer der bedeutendsten Ausbildungsstätten für Rabbiner in der Welt des Reformjudentums. Sein Wirken für ein wechselseitig besseres Verstehen von Juden und Christen verfolge ich seit Jahren aufmerksam. Als Mitglied im Gesprächskreis Juden und Christen des Zentralkommitees der Deutschen Katholiken setzt er sich unermüdlich dafür ein, auch wenn die Zeiten wieder einmal schwierig werden und aus Richtung Rom irritierende Signale kommen. Genauso konsequent setzt er sich ein für einen Dialog mit Muslimen, sucht das Gespräch und die Zusammenarbeit gerade auch mit ihnen. Ich verweise auf den zusammen mit Prof. ANGELIKA NEUWIRTH publizierten Band »Im vollen Licht der Geschichte. Die Wissenschaft des Judentums und die Anfänge der kritischen Koranforschung« (2008) sowie auf den von Walter Homolka mitherausgegebenen Band »Muslime zwischen Tradition und Moderne« (2010).

2011 hat Walter Homolka ein Buch mit den »schönsten Gebeten des Judentums« herausgegeben, das auch mir eine tiefe Quelle der Spiritualität ist. Besonders eindrucksvoll ist ein hier zu findender Text von Saul Tschenikowsky (1875–1943), einem der bekanntesten Poeten des modernen Israel, eine Art Glaubensbekenntnis unter dem Titel »Träume«. Juden und Christen könnten es gemeinsam sprechen und auch für Muslime dürfte es nachvollziehbar sein:

»Lache nur, lach über all die Träume,
die ich, der Träumer, erträume,
weil ich an den Menschen glaube –
und doch glaube ich an Dich.

Und doch sehnt sich meine Seele nach Befreiung,
von keinem goldenen Kalb verraten,
weil ich an den Menschen glaube,
an die Stärke seines Geistes.

Lach darüber, dass ich immer noch an Freunde glaube,
und doch werde ich eine Seele finden,
die meine Hoffnungen mit mir teilt
und an meiner Freude und an meinem Schmerz
teilnimmt.

Und ich glaube an die Zukunft,
wie weit sie auch entfernt sein mag,
in der ein Volk das andere preist
und im Frieden seinen Weg geht.

Auch mein Volk wird wieder blühen;
Geschlechter werden entstehen,
ihre eisernen Fesseln werden sie wegwerfen,
in neues Licht werden sie schauen.«

So ist es mir eine Ehre und Freude, Walter Homolka dieses Buch zu widmen und ihm zu danken für das Geleitwort, das er diesem Buch mitgegeben hat.

In memoriam Manfred Görg

Am 17. September 2012 verstarb in München Professor MANFRED GÖRG. Er wurde 73 Jahre alt. Mit ihm ist nicht nur eine wissenschaftliche Autorität als Exeget des Alten Testamentes von uns gegangen. Von 1985 bis 2003 war Görg Ordinarius für Alttestamentliche Theologie an der Katholisch-Theologischen Fakultät der Universität München. Mit ihm haben wir vor allem auch einen Brückenbauer verloren, der sich unschätzbare Verdienste um den Dialog der Religionen erworben hat. Manfred Görg hat früher als andere ein Dreifaches erkannt:

Erstens: Interreligiöser Dialog im Deutschland der Gegenwart kann sich nicht länger auf das Verhältnis von Christen und Juden allein beschränken, es müssen auch Muslime einbezogen werden. Dialog muss zum Trialog erweitert werden.

Zweitens: Ein wechselseitig besseres Verstehen von Juden, Christen und Muslimen darf nicht nur beschworen, dafür muss auch gearbeitet werden: organisatorisch, publizistisch, spirituell. Deshalb rief er im Jahre 2001 zusammen mit STEFAN JAKOB WIMMER in München eine Gesellschaft ins Leben, die sich auf religionsgeschichtlicher Grundlage für die Förderung des Gesprächs insbesondere zwischen Christen, Juden und Muslimen aktiv einsetzt.

Und *drittens*: Die Abraham-Überlieferungen der Hebräischen Bibel, des Neuen Testamentes und des Koran bilden theologische und spirituelle Ressourcen, die für ein solch besseres wechselseitiges Verstehen genutzt werden können und müssen. Im Geiste Abrahams, der in allen drei Überlieferungen »Freund Gottes« genannt wird, können Juden, Christen und Muslime als »Freunde« zusammenarbeiten. Entsprechend heißt die in München gegründete Gesellschaft »Freunde Abrahams«.

All das wird für immer mit dem Namen von Manfred Görg verbunden bleiben. Er hat mit der Gründung der Gesellschaft der »Freunde Abrahams« für den Raum München und darüber hinaus ein sichtbares Zeichen gesetzt, das beispielhaft war, ist und bleiben wird. Ich bin als Festredner bei der Gründungsveranstaltung 2001 und später als Kuratoriumsmitglied den »Freunden Abrahams« verbunden. Wir stehen nun mehr denn je in der Verantwortung, das Vermächtnis von Manfred Görg lebendig zu erhalten.

Auf seine Traueranzeige hat Manfred Görg dieses sein persönliches Glaubensbekenntnis setzen lassen:

»Ich halte mich fest an Gott, dem Einen und Einzigen,
dem Allmächtigen und Allerbarmer, dem Verborgenen mit den vielen Namen.
Der unsere Wirklichkeit geschaffen und uns ins Leben gerufen hat.
Der Menschen als seine Zeugen erwählt wie Noach, Abraham und Mose
und durch Propheten gesprochen hat, wie durch Jesus, den Sohn der Mirjam, und Mohammed als seine Gesandten.

Der alle seine Erwählten erhöht und die wahrhaft Glaubenden annimmt.

Der uns allen seinen Geist schenkt, damit wir weiter auf ihn
hoffen,

bis er kommt und die Welt richtet und uns alle und alles mit
sich vereint.

Amen.«

Anmerkungen

[1] *Die Kirchen und das Judentum.* Dokumente von 1945–1985, hrsg. von R. Rendtorff – H. H. Henrix, Paderborn – München 1988, S. 174.

[2] *Die Kirchen und das Judentum.* Dokumente von 1945–1985, S. 267.

[3] *J. W. Goethe,* Maximen und Reflexionen (Nr. 875), in: Sämtliche Werke nach Epochen seines Schaffens. Münchner Ausgabe, hrsg. v. K. Richter u. a., Bd. 17, München – Wien 1991, S. 872.

[4] *M. Haarmann,* »Tut dies zu meinem Gedenken!« Gedenken beim Passa und Abendmahl. Ein Beitrag zur Theologie des Abendmahls im Rahmen des jüdisch-christlichen Dialogs, Neukirchen-Vluyn 2004, S. 17.

[5] *M. Haarmann,* aaO., S. 30.

[6] *M. Haarmann,* aaO., S. 35.

[7] *J. W. Goethe,* West-östlicher Divan (1819), in: Sämtliche Werke nach Epochen seines Schaffens. Münchner Ausgabe, hrsg. v. K. Richter u. a., Bd. 11.1.2, München – Wien 1991, S. 61.

[8] *J. W. Goethe,* West-östlicher Divan, in: aaO., S. 12.

[9] *J. W. Goethe,* West-östlicher Divan, aaO., Bd. 11.1.1., S. 247.

[10] *J. W. Goethe,* West-östlicher Divan (Eröffnungsgedicht: »Hegire«), in: aaO., Bd. 11.1.2, S. 9.

[11] *Benedikt XVI.,* Ansprache beim Treffen mit dem Präsidenten des Direktoriums für religiöse Angelegenheiten der Türkei, Ankara 28.11.2006. Internet-Dokumentation Vatikanstadt.

[12] *H. Heine,* Der Rabbi von Bacherach, in: Sämtliche Schriften in 12 Bänden, hrsg. v. K. Briegleb, München – Wien 1976, Bd. 1, S. 463.

[13] *H. Heine,* aaO., S. 463.

[14] Einzelheiten bei: *K.-J. Kuschel,* Gottes grausamer Spaß? Heinrich Heines Leben mit der Katastrophe, Düsseldorf 2002.

[15] *J.-Chr. Hauschild – M. Werner,* »Der Zweck des Lebens ist das Leben selbst«. Heinrich Heine. Eine Biographie, Köln 2007, S. 98.

[16] *H. Heine,* aaO., S. 464.

[17] *H. Heine,* aaO., S. 470.

[18] *E. G. L. Schrijber u. F. Wiesemann (Hrsg.),* Die van Geldern Haggadah und Heinrich Heines »Der Rabbi von Bacherach«, Wien – München 1997.

[19] *H. Heine,* aaO., S. 466f.

[20] *H. Heine,* aaO., S. 465.

[21] *P. Weimer,* Art. »Passah«, in: Lexikon für Theologie und Kirche, hrsg. v. W. Kasper u. a., Freiburg/Br. 3. Aufl. 1998, Bd. 7, Sp. 1415.

[22] Zum Motiv der »Heiligen Nacht« in den verschiedenen Weltreligionen vgl.: *K.-J. Kuschel,* Das Weihnachten der Dichter. Originaltexte von Thomas Mann bis Reiner Kunze neu erschlossen, Stuttgart – Ostfildern 2004, 2. erw. Auflage 2011, Kap. I: Die heiligen Nächte der Weltreligionen.

[23] *P. Weimer,* aaO., Sp. 1415 (wie Anm. 21).

[24] *E. Otto,* Art. »Feste/Feiern: Altes Testament«, in: Religion in Geschichte und Gegenwart, hrsg. v. H. D. Betz u. a., Tübingen 4. Aufl. 2000, Bd. 3, Sp. 88.

[25] *G. Stemberger,* Pessachhaggada und Abendmahlsberichte des Neuen Testamentes, in: Kairos 29 (1987), S. 147–158. S. 156.

[26] *G. Stemberger,* aaO., S. 156f.

[27] *G. Stemberer,* aaO., S. 157.

[28] *G. Stemberger,* aaO., S. 147.

[29] *G. Stemberger,* aaO., S. 157. Auch der Tübinger katholische Neutestamentler *Michael Theobald* hat sich von Stembergers nüchterner Quellenkritik nicht abhalten lassen, »Details« im NT zu bieten, »die weiterführen«: »Sollte unsere These stimmen, dass Lukas im Wissen um das zeitgenössische Paschamahl (in der Diaspora?) seine markinische Vorlage plausibler gestalten wollte, wäre gerade seine Konzeption (als judaistische Quelle!) von Interesse. So gehen wir den Text [des lukanischen Abendmahlberichts] im Folgenden schwerpunktmäßig durch und fragen, inwieweit der von ihm gezielt verstärkte Paschamahl-Rahmen die Darstellung des Mahls auch inhaltlich prägt und ob das auf eine kohärente Aussageabsicht seinerseits schließen lässt.« (Paschamahl und Eucharistiefeier. Zu heilsgeschichtlichen Relevanz der Abendmahlsszenerie bei Lukas (Lk 22,14–38), in: »Für alle Zeiten zur Erinnerung« (Jos 4,7). Beiträge zu einer biblischen Gedächtniskultur. Festgabe Franz Mußner zum 90. Geburtstag, Stuttgart 2006, S. 133–180) Diesem hochinformativen Beitrag meines Tübinger Kollegen verdanke ich ebenfalls zahlreiche wertvolle Einsichten in den Zusammenhang von »Paschamahl und Eucharistiefeier«.

[30] *J. Jeremias,* Die Abendmahlsworte Jesu (1935), 4. Aufl. Göttingen 1967, S. 78–82.

[31] *M. Haarmann,* aaO., S. 42 (wie Anm. 4).

[32] *M. Haarmann,* aaO., S. 129.

[33] Beide Texte zit. bei *M. Haarmann,* aaO., S. 131.

[34] Für Einzelheiten verweise ich auf den unter Anm. 29 genannten Beitrag von *M. Theobald,* der am Beispiel des lukanischen Abendmahlsberichts (Lk 22, 14–38) Fragen des »literarischen Profils« und der »Quellen« des Evangelisten ausführlich diskutiert und die Überzeugung vertritt, dass Lukas den markinischen Abendmahlsbericht (Mk 14,22–25) voraussetzt, dann aber die markinische Vorlage deutlicher auf ein Paschamahl Jesu hin ausgestaltet hat: »Sind im Markusevangelium Abendmahls-Paradosis (Mk 14,22–25) und Paschamahl-Rahmen (Mk 14,12–21/14,26) noch recht äußerlich miteinander verbunden, so hat Lukas beides enger aufeinander

abgestimmt, damit der Charakter des Mahls als Paschamahl an Plausibilität gewinnt.« (S. 157)

[35] M. Theobald, aaO., S. 149 (wie Anm. 29).

[36] J. Gnilka, Jesus von Nazaret. Botschaft und Geschichte, Freiburg/Br. 1990, S. 283. M. Theobald weist überdies darauf hin: »Das [Liegen bei Tisch] war bei Festmählern üblich, und die Mischna verlangt es für das Paschamahl ausdrücklich (Pes X/1). Wahrscheinlich gehört es zu den Elementen des rabbinischen Pesach-Seder, die alt sind, weshalb wir annehmen dürfen, dass Lukas mit dem [entsprechenden] Verb tatsächlich auf die Tischsitte beim Pascha-Festmahl anspielen wollte.« (aaO., S. 160; wie Anm. 29)

[37] M. Theobald, aaO., S. 137f.

[38] M. Haarmann, aaO., S. 41 (wie Anm. 4).

[39] K. Wengst, Jesus zwischen Juden und Christen, Stuttgart – Berlin – Köln 1999, S. 57.

[40] J. Ratzinger/Benedikt XVI., Jesus von Nazareth. Teil 2: Vom Einzug in Jerusalem bis zur Auferstehung, Freiburg/Br. 2011, S. 121–164, Zitat S. 127.

[41] J. Ratzinger/Benedikt XVI., aaO., S. 128.

[42] M. Hengel, Das Mahl in der Nacht, »in der Jesus ausgeliefert wurde (1 Kor 11,23), in: ders., Studien zur Christologie. Kleine Schriften Bd. 4 hrsg. v. C.-J. Thornton, Tübingen 2006, S. 451–495, Zitat S. 476.

[43] M. Hengel – A. M Schwemer, Jesus und das Judentum, Tübingen 2007, S. 582.

[44] J. Ratzinger/Benedikt XVI., aaO., S. 133f. (wie Anm. 40). In merkwürdigem Gegensatz zu diesen Ausführungen im genannten Jesus-Buch steht das, was Benedikt XVI. in einer Homilie beim Schlussgottesdienst während des Weltjugendtages in Köln am 21. August 2005 vorgetragen hat: »Mit der Eucharistiefeier stehen wir in der ›Stunde‹ Jesu, von der das Johannes-Evangelium spricht. Durch die Eucharistie wird diese seine ›Stunde‹ unsere Stunde, Gegenwart unter uns. Mit den Jüngern feierte er das Paschamahl Israels, das Gedächtnis der befreienden Tat Gottes, die Israel aus der Knechtschaft ins Freie führte. Jesus folgt den Riten Israels. Er spricht das Preis- und Segensgebet über das Brot. Aber nun geschieht Neues. Er dankt Gott nicht nur für die großen Taten der Vergangenheit, er dankt ihm für seine Erhöhung, die im Kreuz und in der Auferstehung geschieht. Dabei spricht er auch zu den Jüngern mit Worten, die die Summe von Gesetz und Propheten in sich tragen: ›Dies ist mein Leib, der für euch hingegeben wird. Dieser Kelch ist der neue Bund in meinem Blut.‹ Und so teilt er Brot und Kelch aus und trägt ihnen zugleich auf, das, was er jetzt sagt und tut, immer neu zu sagen und zu tun zu seinem Gedächtnis.« (Vatikanstadt Internet Dokumentation)

[45] W. Homolka, Jesu letztes Abendmahl. Abschied vom Judentum und Aufbruch ins Neue?, in: Der Jesus des Papstes. Passion, Tod und Auferstehung im Disput, hrsg. v. H. Häring, Berlin 2011, S. 195–199, Zitat S. 199.

[46] J. Moltmann, Erfahrungen theologischen Denkens. Wege und Formen christlicher Theologie, Gütersloh 1999, S. 44.

[47] J. Jeremias, Neutestamentliche Theologie. Teil 1: Die Verkündigung Jesu, Gütersloh 1971, 2. Aufl. 1973, S. 275.

[48] M. Theobald, aaO., S. 157–180 (wie Anm. 29).

[49] B. Klappert, Gedenken, Ertrag und Auftrag des Rheinischen Synodenbeschlusses von 1980, in: Gemeinsame Bibel – Gemeinsame Sendung. 25 Jahre Rheinischer Synodenbeschluss zur Erneuerung des Verhältnisses von Christen und Juden, hrsg. v. S. Kreuzer – F. Ueberschaer, Neukirchen-Vluyn 2006, S. 236–255, Zitat S. 241.

[50] J. Gnilka, Die frühen Christen. Ursprünge und Anfang der Kirche, Freiburg/Br. 1999, S. 184. Vgl. auch: J. Gnilka, Jesus von Nazaret, Freiburg/Br. 5. Aufl. 1997; S. 280–282: »Gewiss haben auch die Synoptiker – von Mk 14,12ff parr; Lk 22,15f. abgesehen – wenig Spuren eines Passamahles hinterlassen. Doch ist ihre Chronologie zu bevorzugen.« (S. 281f.)

[51] J. Jeremias, Die Abendmahlsworte Jesu, S. 54f. (wie Anm. 30).

[52] J. Jeremias, Neutestamentliche Theologie, S. 276 (wie Anm. 47).

[53] P. Stuhlmacher, Biblische Theologie des Neuen Testaments. Bd. 1: Grundlegung. Von Jesus zu Paulus, Göttingen 1992, S. 134f. Eine ähnliche Deutung des Todes Jesu im Rahmen eines Seder legt Joachim Gnilka vor: »Eine Besonderheit der Todesinterpretation Jesu, die beim letzten Mahl erfolgte, besteht darin, dass er sie mit einer Darreichung einer Gabe verknüpfte, von Brot und einem Becher Wein. Zwar sind der Verzehr von Brot und Wein bei einem jüdischen Festmahl selbstverständlich, doch rücken sie jetzt in das Licht seiner Todesinterpretation. Die Besonderheit der Darreichung dieser Gabe als seiner Todesinterpretation wurde so stark empfunden, dass sie im eucharistischen Herrenmahl der nachösterlichen Gemeinde, das an das letzte Mahl anschließt, verselbstständigt werden konnte und verselbstständigt wurde, also von einer Mahlzeit getrennt war. Die interpretierenden Worte wurden offenkundig zu den bei einem festlichen Mahl üblichen Handlungen des Tischvorsitzenden gesprochen, der die begleitenden Gebete zu sprechen hatte, beim Brechen des Brotes und Trinken des Bechers. Das erste erfolgte am Beginn der Hauptmahlzeit, und war mit einem Lobgebet verbunden. Das zweite am Schluss, verbunden mit einem Dankspruch. So war es auch beim letzten Mahl Jesu, wie die alte Wendung ›gleicher Weise auch den Becher nach dem Mahl‹ (1 Kor 11,25; vgl. Lk 22,20) noch verrät.« (Jesus von Nazaret. Botschaft und Geschichte, Freiburg/Br. 1990, S. 285f.)

[54] B. Klappert, aaO., S. 239f. (wie Anm. 49).

[55] B. Klappert, aaO., S. 240.

[56] J. Jeremias, Die Abendmahlsworte, S. 218, Anm. 2 (wie Anm. 30).

[57] M. Theobald, aaO., S. 164 (wie Anm. 29).

[58] M. Theobald, aaO., S. 164.

[59] M. Hengel, Das Mahl in der Nacht, S. 463 (wie Anm. 42).

[60] M. Hengel, Das Mahl in der Nacht, S. 464f.

[61] L. Baeck, Die Auseinandersetzung mit dem entstehenden Christentum (1929), in: W. Homolka (Hrsg.), Die Lehren des Judentums nach den Quellen, Bd. 3, München 1999, S. 50–60, Zitat S. 56f.

[62] L. Baeck, Judentum, Christentum und Islam, (1956), in: Leo Baeck Werke Bd. 5, hrsg. v. A. H. Friedländer – B. Klappert, Gütersloh 2002, S. 472–489, Zitat S. 479.

[63] S. Ben-Chorin, Narrative Theologie des Judentums anhand der Pessach-Haggada. Jerusalemer Vorlesungen, Tübingen 1985, Zitate S. 9. Vgl. auch bes. S. 39–46.

[64] S. Ben-Chorin, Bruder Jesus. Der Nazarener in jüdischer Sicht, TB-Ausgabe, München 4. Aufl. 1981, S. 140.

[65] M. Haarmann, aaO., S. 38f. (wie Anm. 4).

[66] P. Stuhlmacher, aaO., S. 142 (wie Anm. 53).

[67] Text der Kindheitserzählung des Thomas in: Neutestamentliche Apokryphen in deutscher Übersetzung, hrsg. v. W. Schneemelcher, Bd. I (Evangelien), Tübingen 1987, S. 349–359, bes. S. 353 (Abschnitt 2).

[68] Muhammad Asad, The Message of the Qur'an (1980). Dt.: Die Botschaft des Koran. Übersetzung und Kommentar. Aus dem Englischen übersetzt von Achmad von Denffer u. Yusuf Kuhn, Stuttgart – Ostfildern 2011, S. 229f.

[69] R. Paret, Der Koran. Kommentar und Konkordanz, Stuttgart – Berlin – Köln – Mainz 1980, S. 133.

[70] H. Räisänen, Das koranische Jesusbild. Ein Beitrag zur Theologie des Koran, Helsinki 1971, S. 42–43.

[71] Zur Deutung von Sure 5,112–1115 herangezogen wurde folgende Literatur: Die klassischen muslimischen Korankommentare zu unserer Stelle von At-Tabari, Az-Zamahsari, Ar-Razi wurden ausgewertet von: Hüseyin Ilker Cinar, Maria und Jesus im Islam, Wiesbaden 2007, S. 163–170.
An neuerer Literatur wurde neben den Koran-Kommentaren von A. Th. Khoury, R. Paret und M. Asad herangezogen: Abd al-Tafahum, The Qur'an and the Holy Communion, in: The Muslim World 94 (1959), S. 239–248. E. Gräf, Die christlichen Einflüsse im Koran, in: Al-Bahit. Festschrift Joseph Henninger zum 70. Geb., St. Augustin/Bonn 1976, S. 111–144. G. Parrinder, Jesus and the Qur'an, New York 1977, bes. S. 86–91. C. Schedl, Muhammad und Jesus. Die christologisch relevanten Texte des Koran, Freiburg/Br. 1978, S. 540–544. M. Bauschke, Jesus im Koran, Köln – Weimar – Wien 2001, S. 61–64. M. Bazargan, Und Jesus ist sein Prophet. Der Koran und die Christen. Mit einer Einführung von N. Kermani, München 2006. M. Radscheit, Art. »Table", in: Encyclopedia of the Qur'an, hrsg. v. J. Dammen McAuliffe, Leiden – Boston 2006, Bd. 5, S. 188–191. J. Gnilka, Die Nazarener und der Koran. Eine Spurensuche, Freiburg/Br. 2007.

[72] M. Bazargan, Und Jesus ist sein Prophet. S. 82f. (wie Anm. 71).

[73] J. Gnilka, Die Nazarener und der Koran, S. 114 (wie Anm. 71).

[74] Erwogen unter anderen möglichen Parallelstellen im Koran-Kommentar von *A. Th. Khoury*, Bd. 6, S. 192 (wie Anm. 71).

[75] *J.-D. Thyen*, Bibel und Koran. Eine Synopse gemeinsamer Überlieferungen, Köln – Weimar – Wien 2000, S. 234.

[76] Auf Joh 14,1 im Zusammenhang Sure 5,113 hat hingewiesen: *N. Robinson*, Christ in Islam and Christianity. The Representation of Jesus in the Qur'an and the Classical Muslim Commentaries, London 1991, S. 18.

[77] *M. Radscheit*, Art. »Table«, in: aaO., S. 189 (wie Anm. 71).

[78] *R. Paret*, Koran-Kommentar, S. 133 (wie Anm. 69).

[79] *H. Busse*, Die theologischen Beziehungen des Islams zu Judentum und Christentum. Grundlagen des Dialogs im Koran und die gegenwärtige Situation, Darmstadt 1988, 2. Aufl.1991, S. 130f.

[80] *G. Parrinder*, Jesus in the Qur'an (1965), New York 1977, S. 88.

[81] *M. Kropp*, Viele fremde Tische, und noch einer im Koran: Zur Etymologie von äthiopisch *ma'ed(de)* und arabisch *ma'ida/mayda*, in: Oriens Christianus. Hefte für die Kunde des christlichen Orients 87 (2003), S. 140–143, Zitat S. 141.

[82] *M. Radscheit*, aaO., S. 189 (wie Anm. 71).

[83] *M. Radscheit*, aaO., S. 190.

[84] *C. Schedl*, Muhammad und Jesus. Die christologisch relevanten Texte des Koran, Wien – Freiburg/Br. 1978, S. 542.

[85] *C. Schedl*, aaO., S. 542f.

[86] *C. Schedl*, aaO., S. 543.

[87] *C. Schedl*, aaO., S. 544.

[88] *R. Paret*, aaO., S. 133 (wie Anm. 69).

[89] *B. Klappert*, aaO., S. 241 (wie Anm. 49).

[90] *Die Kirchen und das Judentum*. Dokumente von 1986–2000, hrsg. v. *H.-H. Henrix – W. Kraus*, Gütersloh 2001, S. 315 (Dokument K.II.29).

[91] Einzelheiten zur Bedeutung Abrahams für Juden, Christen und Muslime mit Konsequenzen für den Trialog bei: *K.-J. Kuschel*, Juden – Christen – Muslime: Herkunft und Zukunft, Düsseldorf 2007, Sechster Teil: Abraham oder Das Risiko des Gottvertrauens.

[92] *M. J. Bin-Gorion*, Die Sagen der Juden. Mythen, Legenden, Auslegungen, Berlin 1935, S. 268.

[93] *M. Görg*, Der eine Gott in den »abrahamischen Religionen«, in: Blätter Abrahams. Beiträge zum interreligiösen Dialog, hrsg. v. M. Görg – St. Wimmer, München 2003, H. 2, S. 7–18. Zitat S. 17.

Bibliografie

Der *Koran* wird zitiert nach:
Der Koran. Übertragung von *Hans Zirker*, Darmstadt 3. Aufl. 2010.

Ständig konsultiert wurde:
Der Koran. Übertragung von *Rudi Paret*, Stuttgart – Berlin – Köln – Mainz 1979, 2. Aufl. 1980.
Der Koran. Übertragung von *Hartmut Bobzin*, München 2010.
The Message of the Qur'an (1980). Dt.: Die Botschaft des Koran. Übersetzung und Kommentar von *Muhammad Asad*, Ostfildern ²2011.

Die *Bibel* wird zitiert nach der Einheitsübersetzung.

1. Zum Judentum:

L. Baeck, Die Auseinandersetzung mit dem entstehenden Christentum (1929), in: W. Homolka (Hrsg.), Die Lehren des Judentums nach den Quellen, Bd. 3, München 1999, S. 50–60;

ders., Judentum, Christentum und Islam, (1956), in: Leo Baeck Werke Bd. 5, hrsg. v. A. H. Friedländer – B. Klappert, Gütersloh 2002, S. 472–489.

G. Stemberger, Pessachhaggada und Abendmahlsberichte des Neuen Testamentes, in: Kairos 29 (1987), S. 147–158.

S. Ben-Chorin, Bruder Jesus. Der Nazarener in jüdischer Sicht, München 1967, TB-Ausgabe München 4. Aufl. 1981;

ders., Narrative Theologie des Judentums anhand der Pessach-Haggada. Jerusalemer Vorlesungen, Tübingen 1985, S. 39–46.

E. G. L. Schrijber u. F. Wiesemann (Hrsg.), Die van Geldern Haggadah und Heinrich Heines »Der Rabbi von Bacherach«, Wien – München 1997.

W. Homolka, Jesu letztes Abendmahl. Abschied vom Judentum und Aufbruch ins Neue?, in: Der Jesus des Papstes. Passion, Tod und Auferstehung im Disput, hrsg. v. H. Häring, Berlin 2011, S. 195–199;

ders. (Hrsg.), »Frieden in Fülle komme vom Himmel«. Die schönsten Gebete des Judentums, Freiburg/Br. 2011. Zu Pessach S. 102–106.

2. Zum Christentum:

J. Jeremias, Die Abendmahlsworte Jesu, Göttingen 1935, 4. Aufl. Göttingen 1967;

ders., Neutestamentliche Theologie. Teil 1: Die Verkündigung Jesu, Gütersloh 1971, 2. Aufl. 1973.

P. Stuhlmacher, Biblische Theologie des Neuen Testaments, Bd. 1: Grundlegung. Von Jesus zu Paulus, Göttingen 1992, S. 130–143.

G. Theissen – A. Merz, Der historische Jesus. Ein Lehrbuch, Göttingen 1996, S. 359–386.

J. Gnilka, Die frühen Christen. Ursprünge und Anfang der Kirche, Freiburg/Br. 1999.

J. Moltmann, Erfahrungen theologischen Denkens. Wege und Formen christlicher Theologie, Gütersloh 1999.

K. Wengst, Jesus zwischen Juden und Christen, Stuttgart – Berlin – Köln 1999.

M. Haarmann, »Dies tut zu meinem Gedenken!« Gedenken beim Passa und Abendmahl. Ein Beitrag zur Theologie des Abendmahls im Rahmen des jüdisch-christlichen Dialogs, Neukirchen-Vluyn 2004.

M. Hengel, Das Mahl in der Nacht, »in der Jesus ausgeliefert wurde (1 Kor 11,23), in: ders., Studien zur Christologie. Kleine Schriften Bd. 4, hrsg. v. C.-J. Thornton, Tübingen 2006, S. 451–495;

ders. mit A. M. Schwemer, Jesus und das Judentum, Tübingen 2007, S. 582–586.

M. Theobald, Paschamahl und Eucharistiefeier. Zu heilgeschichtlichen Relevanz der Abendmahlsszenerie bei Lukas (Lk 22,14–38), in: »Für alle Zeiten zur Erinnerung« (Jos 4,7). Beiträge zu einer biblischen Gedächtniskultur. Festgabe Franz Mußner zum 90. Geburtstag, Stuttgart 2006, S. 133–180;

ders., Leib und Blut Christi. Erwägungen zu Herkunft, Funktion und Bedeutung des sogenannten »Einsetzungsberichts«, in: Herrenmahl und Gruppenidentität, hrsg. v. M. Ebner, Freiburg/Br. 2007, S. 121–165.

B. Klappert, Gedenken, Ertrag und Auftrag des Rheinischen Synodenbeschlusses von 1980, in: Gemeinsame Bibel – Gemeinsame Sendung. 25 Jahre Rheinischer Synodenbeschluss zur Erneuerung des Verhältnisses von Christen und Juden, hrsg. v. S. Kreuzer – F. Ueberschaer, Neukirchen-Vluyn 2006, S. 236–255.

J. Ratzinger/Benedikt XVI., Jesus von Nazareth. Teil 2: Vom Einzug in Jerusalem bis zur Auferstehung, Freiburg/Br. 2011, S. 121–164.

3. Zum Islam:

H. Räisänen, Das koranische Jesusbild. Ein Beitrag zur Theologie des Koran, Helsinki 1971.

R. Paret, Der Koran. Kommentar und Konkordanz, Stuttgart – Berlin – Köln – Mainz 1971, 2. Auflage 1977, TB-Ausgabe 1980.

C. *Schedl*, Muhammad und Jesus. Die christologisch relevanten Texte des Koran, Wien – Freiburg/Br. 1978.

H. *Busse*, Die theologischen Beziehungen des Islams zu Judentum und Christentum. Grundlagen des Dialogs im Koran und die gegenwärtige Situation, Darmstadt 1988, 2. Aufl. 1991.

A. Th. *Khoury*, Der Koran. Arabisch-Deutsch. Übersetzung und wissenschaftlicher Kommentar Bd. 6, Gütersloh 1995, S. 191–195.

A. von *Denffer*, Der Islam und Jesus, München 2000 (Schriftenreihe des Islamischen Zentrums).

J.-D. *Thyen*, Bibel und Koran. Eine Synopse gemeinsamer Überlieferungen, Köln – Weimar – Wien 2000.

M. *Bauschke*, Jesus im Koran, Köln – Weimar – Wien 2001.

M. *Kropp*, Viele fremde Tische, und noch einer im Koran: Zur Etymologie von äthiopisch *ma'ed(de)* und arabisch *ma'ida/mayda,* in: Oriens Christianus. Hefte für die Kunde des christlichen Orients 87 (2003), S. 140–143.

W. *Tröger*, Bibel und Koran. Was sie verbindet, was sie unterscheidet, Berlin 2003.

M. *Bazargan*, Und Jesus ist sein Prophet. Der Koran und die Christen. Mit einer Einleitung von Navid Kermani, München 2006.

M *Radscheit*, Art. »Table«, in: Encyclopedia of the Qur'an, hrsg. v. J. Dammen McAuliffe, Leiden – Boston 2006, Bd. 5, S. 188–191;

ders., The Iconography of the Qur'an, in: Crossings and Passages in Genre and Culture, hrsg. v. Ch. Szyka u. F. Pannewick, Wiesbaden 2003, S. 167–183.

H. I. *Cinar*, Maria und Jesus im Islam. Darstellung anhand des Korans und der islamischen kanonischen Tradition unter Berücksichtigung der islamischen Exegeten, Wiesbaden 2007.

4. Zum »trialogischen Denken«:

K.-J. *Kuschel*, Juden – Christen – Muslime: Herkunft und Zukunft, Düsseldorf 2007;

ders., Weihnachten und der Koran, Düsseldorf 2008.

ders., Leben ist Brückenschlagen. Vordenker des interreligiösen Dialogs. Ostfildern 2011.

Impulse für den interreligiösen Dialog

Christoph Gellner/Georg Langenhorst
Blickwinkel öffnen
Interreligiöses Lernen mit
literarischen Texten

Format 14 x 22 cm
376 Seiten
Hardcover
ISBN 978-3-8436-0343-0

Interreligiöses Lernen bedeutet, den eigenen Blickwinkel zu öffnen. Den eigenen Denkhorizont zu weiten, ist angesichts der religiösen Vielfalt in unserer Gesellschaft wichtiger denn je. Doch so notwendig ein nachhaltiger Dialog auf Augenhöhe ist, so schwierig ist oft die konkrete Umsetzung.
Christoph Gellner und Georg Langenhorst entdecken anhand ausgewählter Beispiele deutschsprachiger jüdischer und muslimischer Gegenwartsliteratur Möglichkeiten, das Andere außerhalb der eigenen Perspektive wahrzunehmen. Ein überzeugendes interdisziplinäres Konzept, wie interreligiöses Lernen mit literarischen Texten gelingen kann.

 **PATMOS**   www.patmos.de

Die Zukunft gehört den Mutigen

Karl-Josef Kuschel
Leben ist Brückenschlagen
Vordenker des interreligiösen Dialogs

Format 14 x 22 cm
610 Seiten
mit 12 s/w-Fotos
Hardcover mit Schutzumschlag
ISBN 978-3-8436-0068-2

Von den Vordenkern des interreligiösen Dialogs erzählen heißt, von einer Geschichte der Hoffnung zu erzählen. Denn der Dialog der Religionen ist angesichts der heutigen Weltsituation dringender denn je. Karl-Josef Kuschel stellt die noch junge Geschichte interreligiöser Verständigung anhand exemplarischer Einzelportraits aus allen religiösen Traditionen der Menschheit dar.

Es sind dramatische Lebensgeschichten von Dichtern und Wissenschaftlerinnen, Philosophen und Übersetzern. Karl-Josef Kuschel zeigt mit diesen Geschichten eindrucksvoll: Nicht den Traditionswächtern gehört die Zukunft, sondern den Kühnen und Mutigen.

PATMOS   www.patmos.de